STEP 1

손으로 생각하는 사고력 수학 시리즈

챌린지 CHALLENGE

입체칠교

조이앤에듀

몬스터매스 챌린지의 활용법

1. 입체 칠교를 활용하여 수학의 5대 영역(수와 연산, 도형, 측정, 자료와 가능성, 규칙성)의 내용을 골고루 학습합니다.

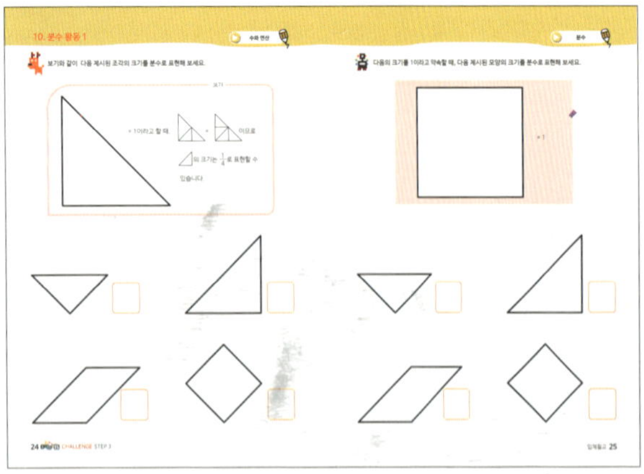

2. 칠교판의 수학적 의미에 대한 스토리는 아이들에게 흥미를 이끌어내도록 합니다.

3. 아이들의 흥미를 위해 스티커( ), 놓아보기( ), 색칠하기( ), 연필로 그려보기( ) 등 다양하게 활동하도록 합니다.

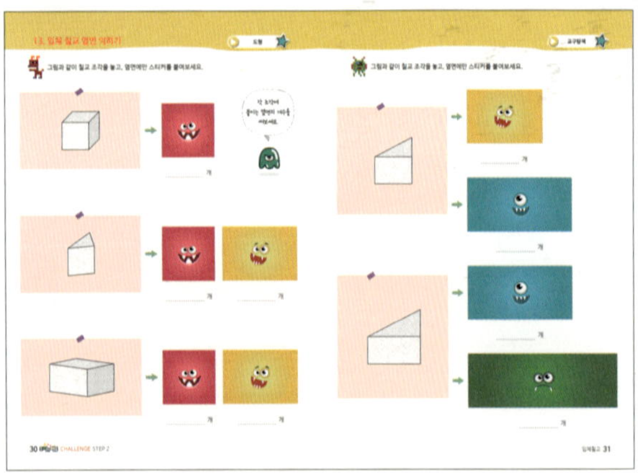

4. 티칭 가이드를 통해 주제에 따른 학습 내용과 지도에 대한 팁을 활용합니다.

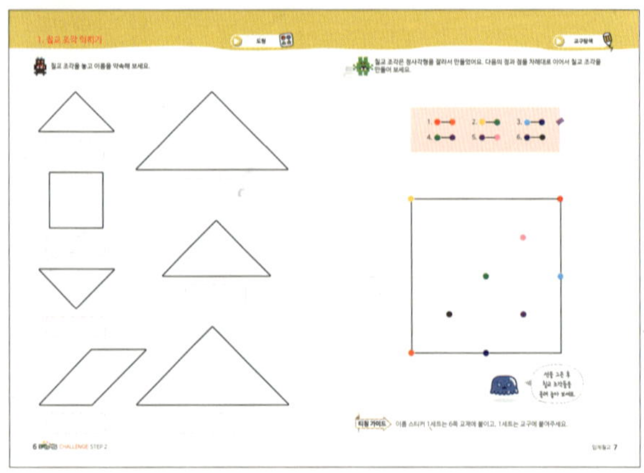

학습효과

1. 수학의 5대 영역에 대하여 폭넓게 익히고, 경험할 수 있습니다.
2. 특히 영재성의 기본인 공간지각력을 키우고, 공간 구조를 익힐 수 있습니다.
3. 어려운 문제를 해결해냄으로써 성취감을 높여줍니다.
4. 문제 해결을 위한 전략적인 사고는 생각하는 힘을 길러줍니다.

CONTENTS

너무 재미있겠다~
빨리 빨리
시작해요~

STORY

칠교 이야기

칠교는 우리에게 가장 익숙한 교구 중 하나입니다.
정사각형을 아래와 같이
큰 직각삼각형 2개, 중간 직각삼각형 1개,
작은 직각삼각형 2개,
정사각형 1개, 평행사변형 1개로
분할한 일곱조각을 칠교판이라고 해요.

칠교 조각으로 여러 가지 모양을 맞추고 꾸미며 놀이를 할 수 있어요.

우리 나라에서는 이 놀이를 하면 지혜가 길러진다고 해서 지혜판,
손님을 머무르게 하는 판이라고 하여 유객판이라고도 하고,
서양에서는 탱그램(Tangram)이라고 불리운답니다.

칠교 조각으로 대부분 평면 모양 맞추기 활동을 많이 해 보았을 텐데요~

챌린지에서는 입체로 된 입체 칠교를 가지고
평면 활동 뿐만 아니라
평면인 칠교에서는 할 수 없는 옆면을 익히고,
이를 이용하여 모양을 맞춰보고
세워보는 활동을 통해서 입체 감각을 키워봅니다.

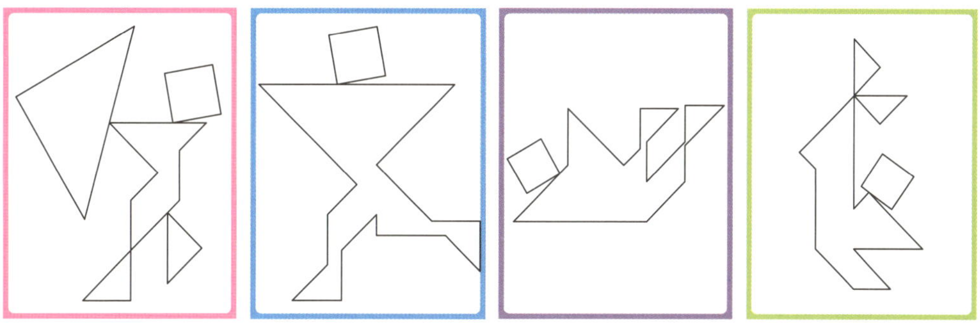

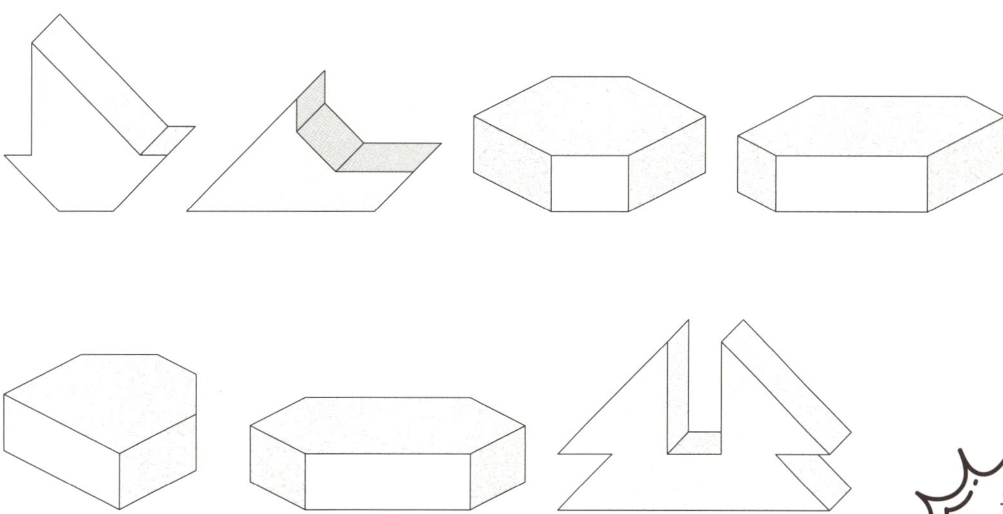

1. 칠교 조각 익히기

도형

칠교 조각을 놓고 이름을 약속해 보세요.

칠교 조각은 정사각형을 잘라서 만들었어요. 다음의 점과 점을 차례대로 이어서 칠교 조각을 만들어 보세요.

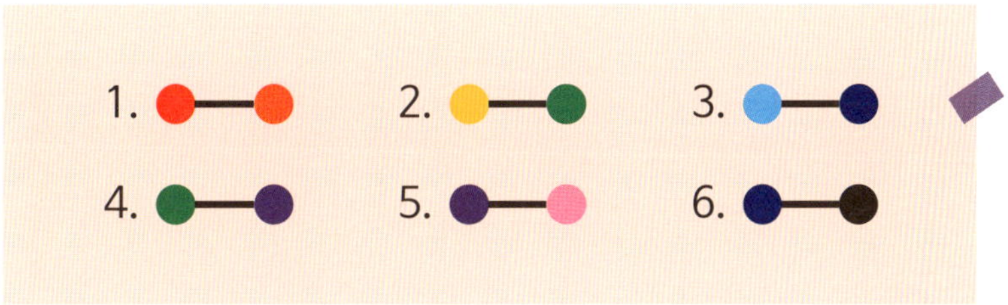

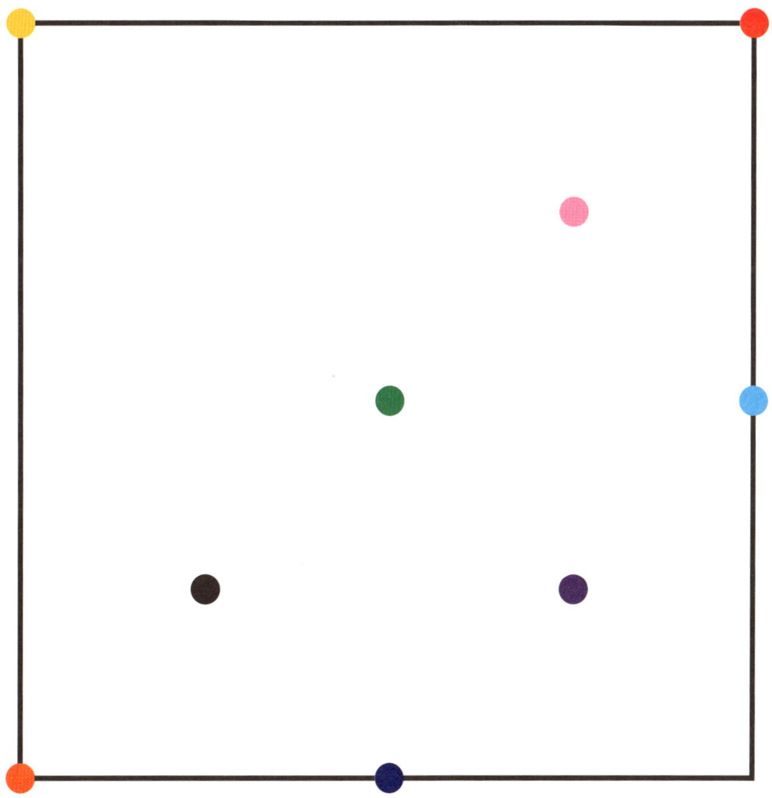

티칭 가이드 이름 스티커 1세트는 6쪽 교재에 붙이고, 1세트는 칠교 조각 윗면에 붙여주세요.

숨어 있는 칠교 조각을 찾아 색칠해 보세요.

숨어 있는 칠교 조각을 찾아 색칠해 보세요.

무슨 모양이 보이니?

도형

다음 모양을 맞추고, 무슨 모양인지 써 보세요.

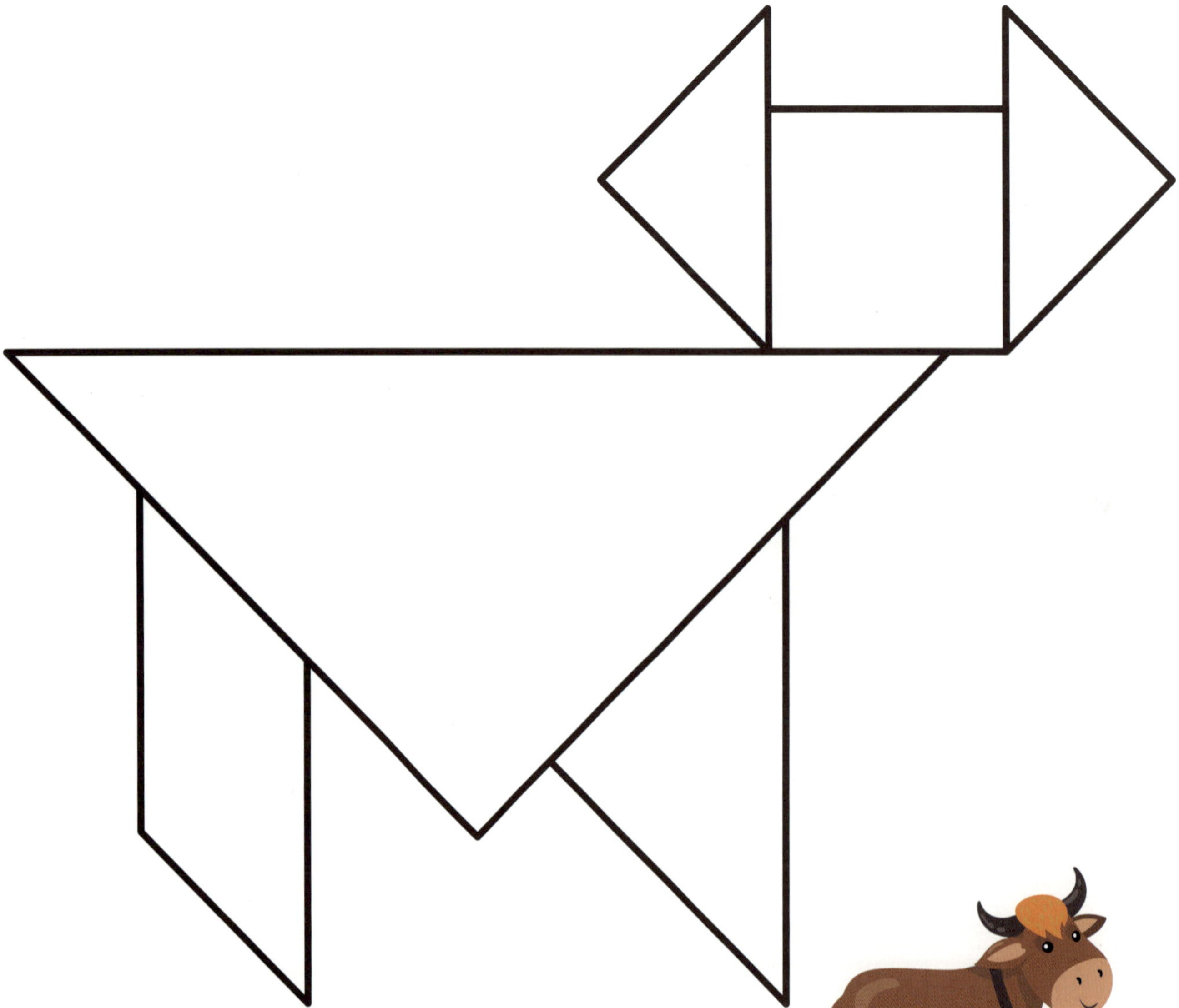

송 아 지

다음 모양을 맞추고, 무슨 모양인지 써 보세요.

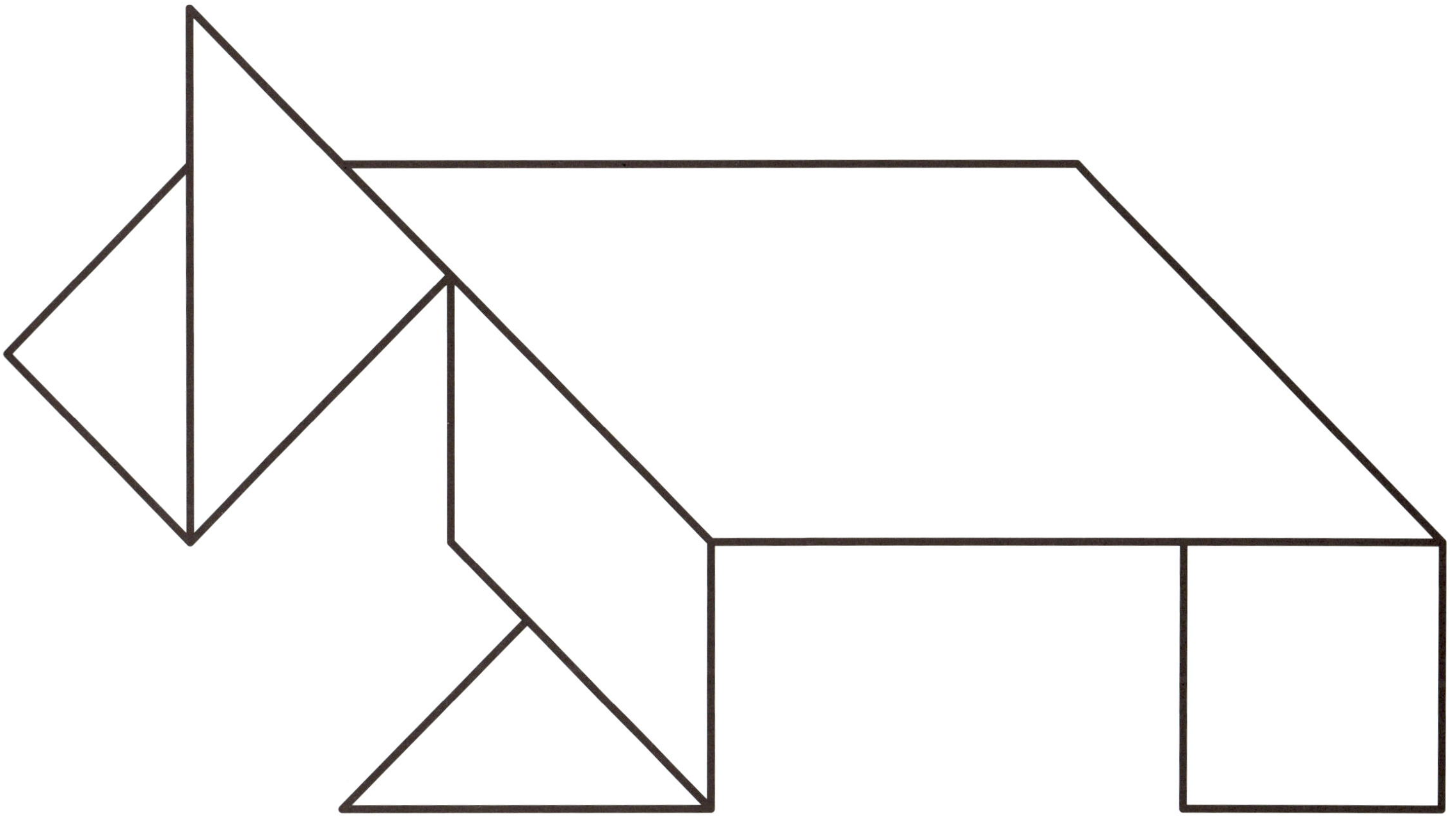

코 뿔 소

4. 축소 모양 보고 맞추기

다음 축소 모양을 보고 그림을 맞춰보세요.

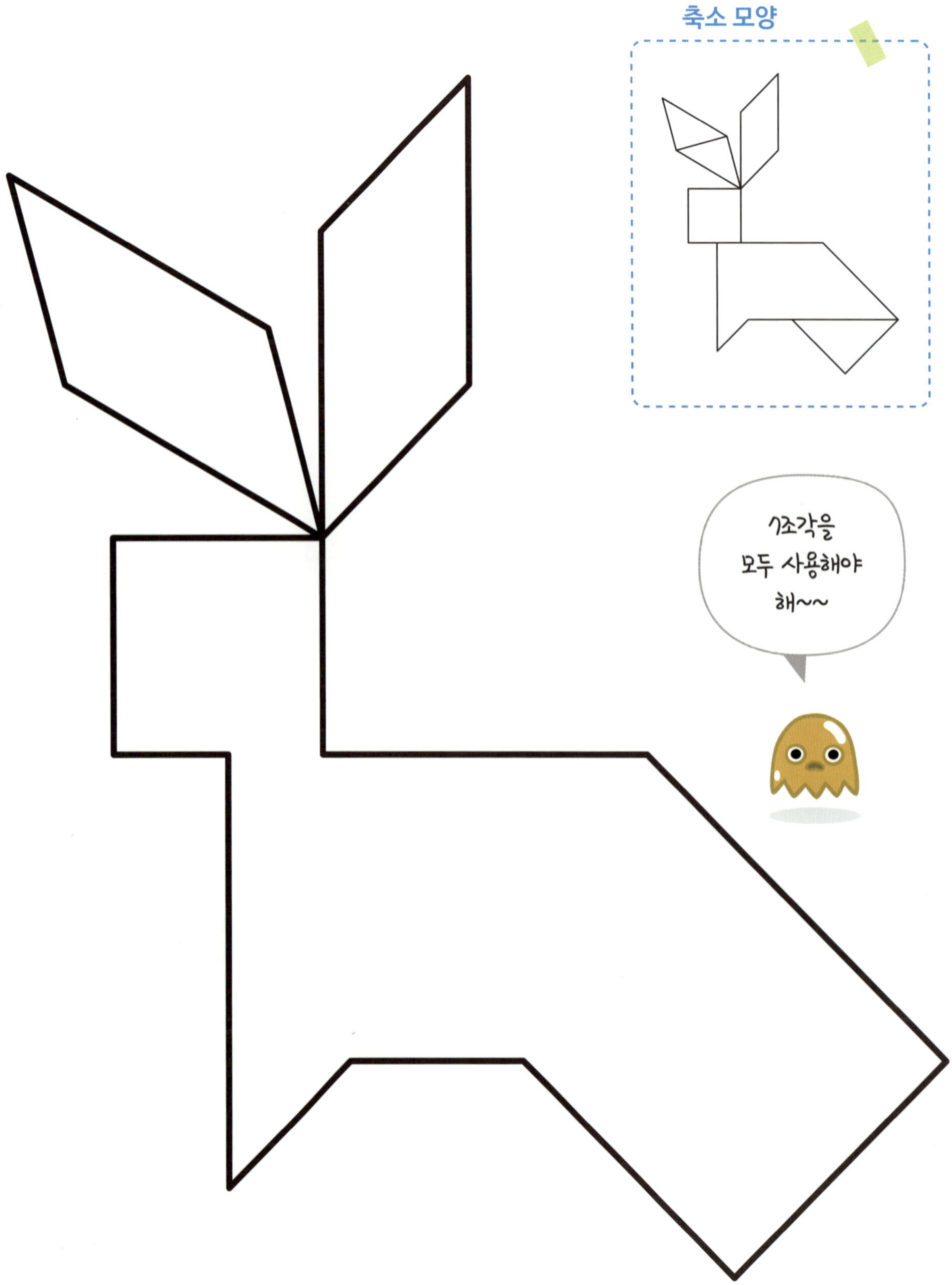

다음 축소 모양을 보고 그림을 맞춰보세요.

티칭 가이드 교재를 옆으로 돌려서 모양을 맞춰봅니다.

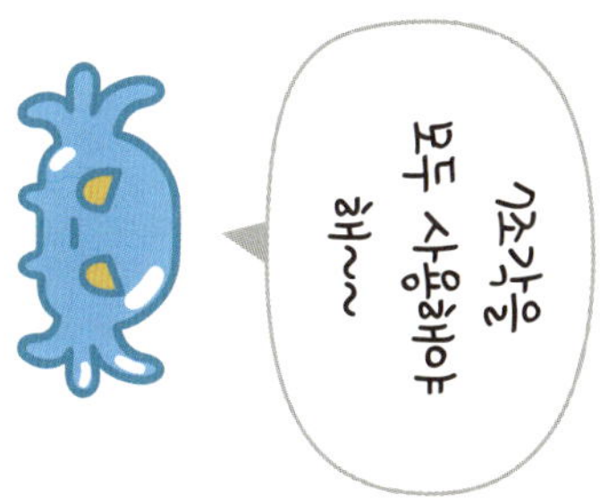

축소 모양

5. 모양 맞추기 2

도형

다음 모양을 만들고 알맞은 동작을 찾아보세요.

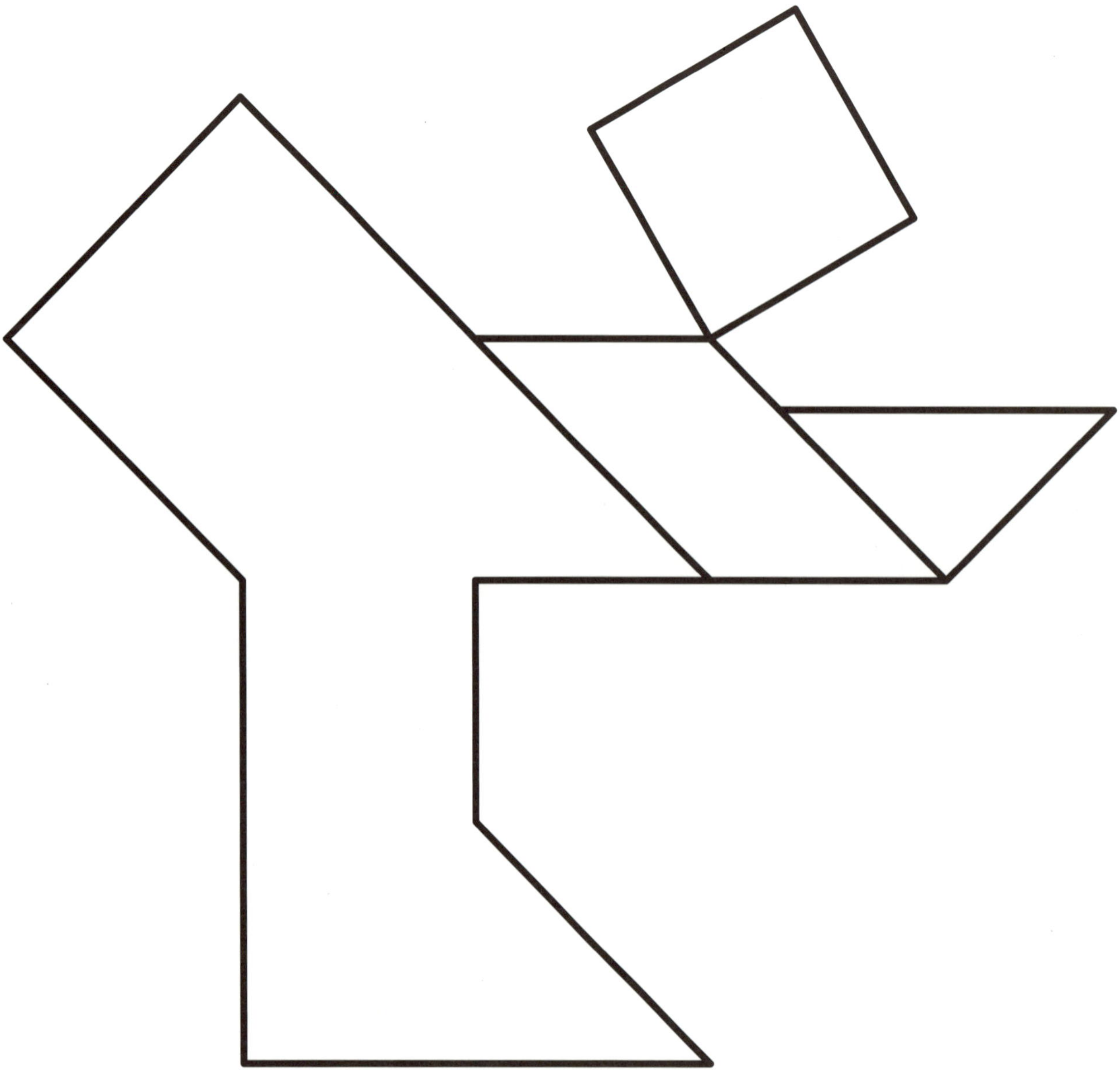

다음 모양을 만들고 알맞은 동작을 찾아보세요.

6. 모양 맞추기 3

도형

다음 모양을 만들고 알맞은 동작을 찾아보세요.

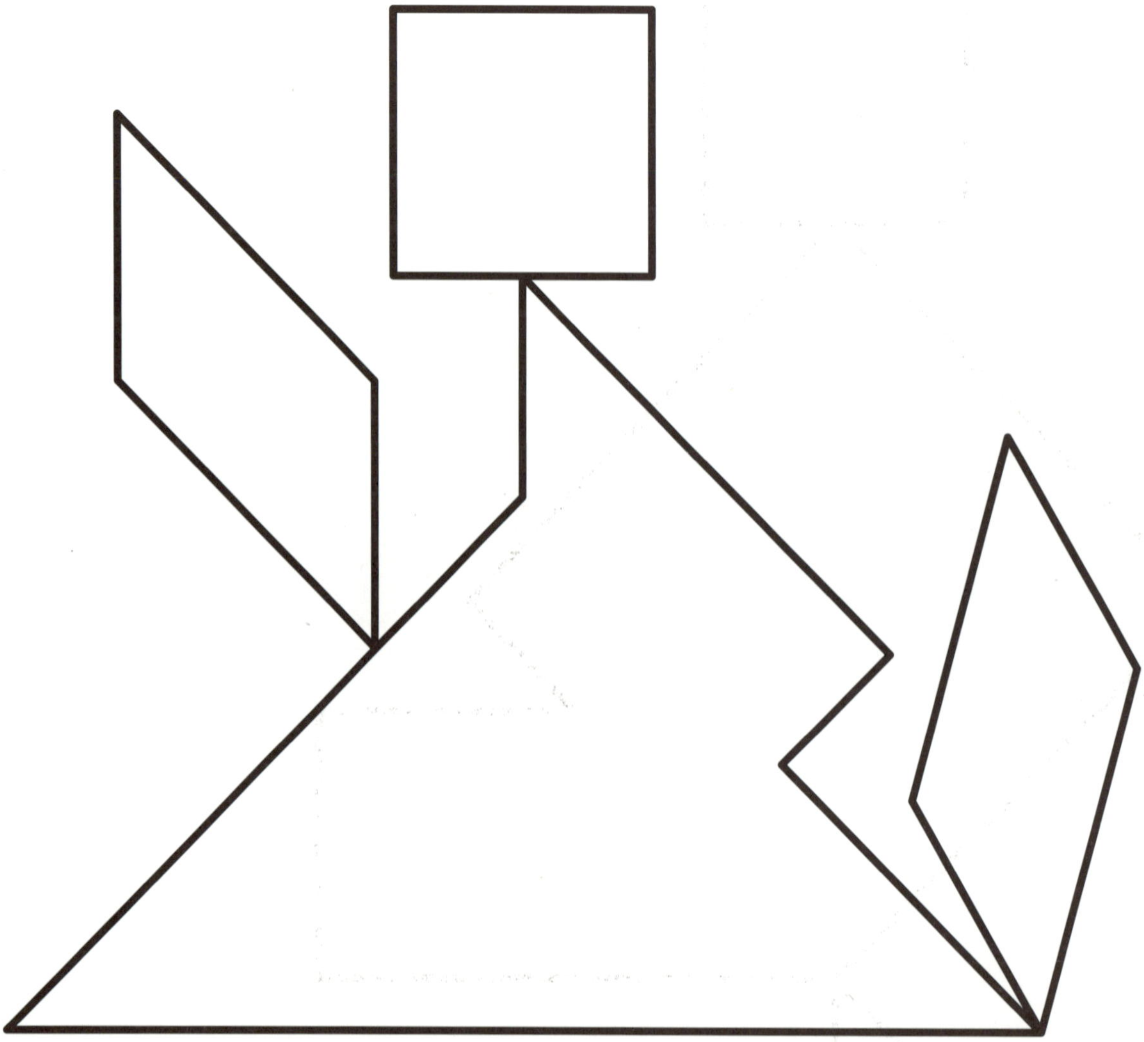

다음 모양을 만들고 알맞은 동작을 찾아보세요.

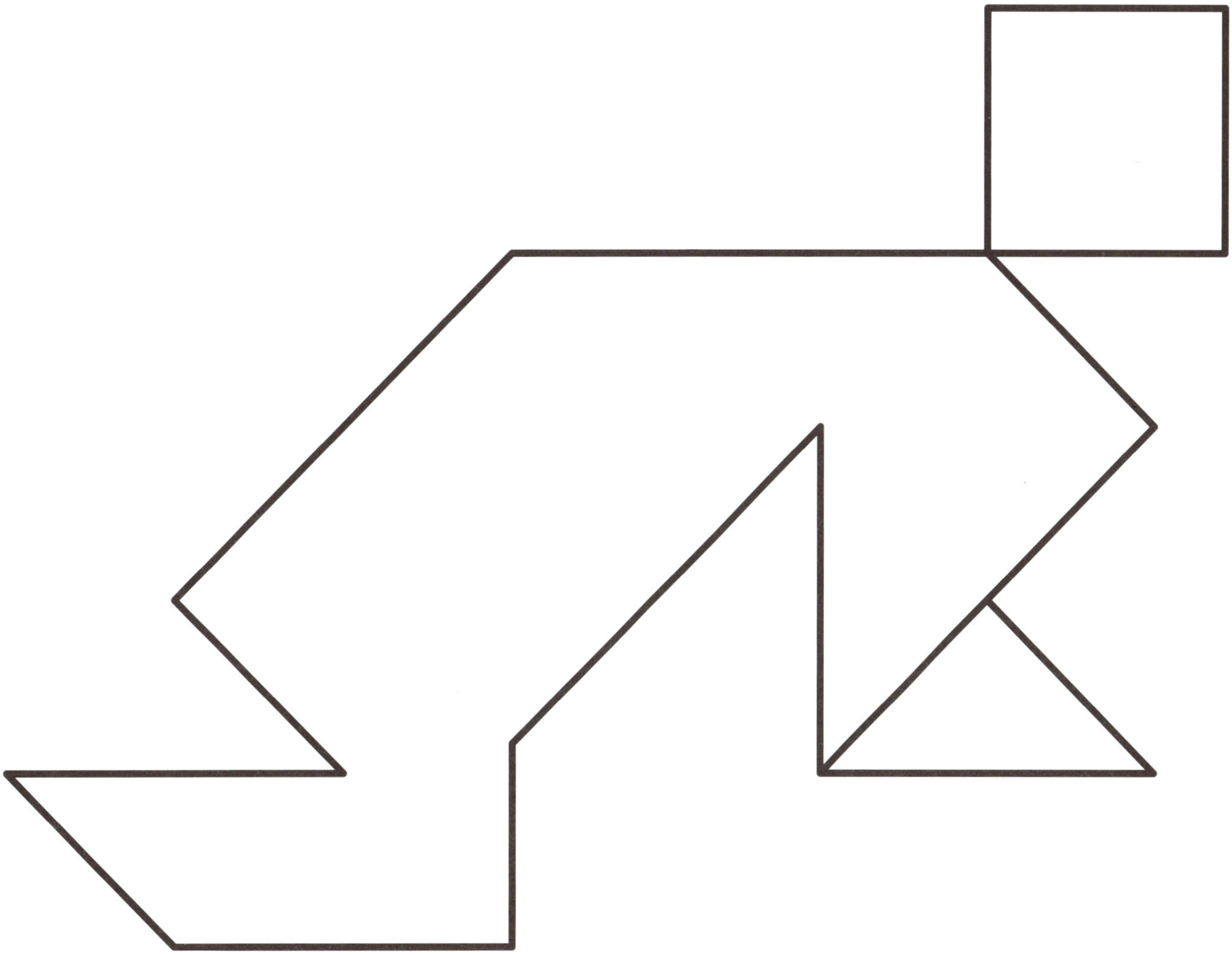

7. 크기 구하기

측정

작은 삼각형의 크기를 1이라고 약속합니다. 칠교 조각의 크기를 구해보세요.

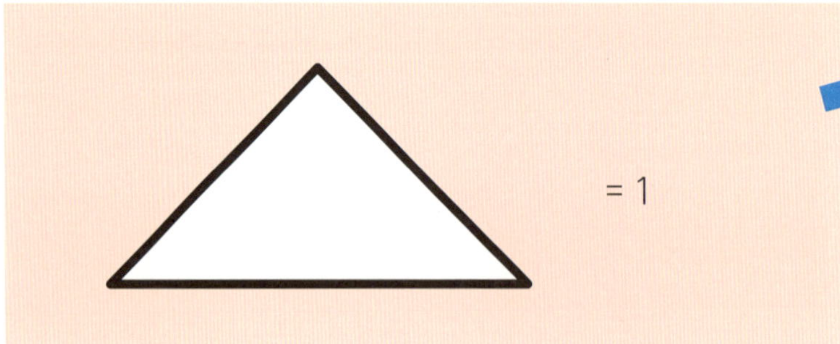

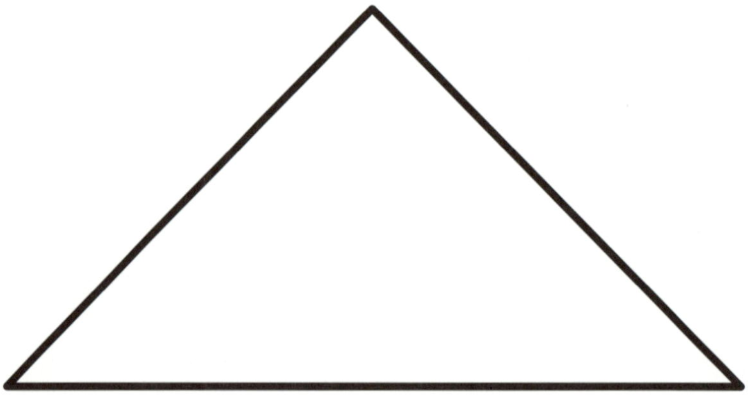

크기 : ______________________________

크기 : ______________________________

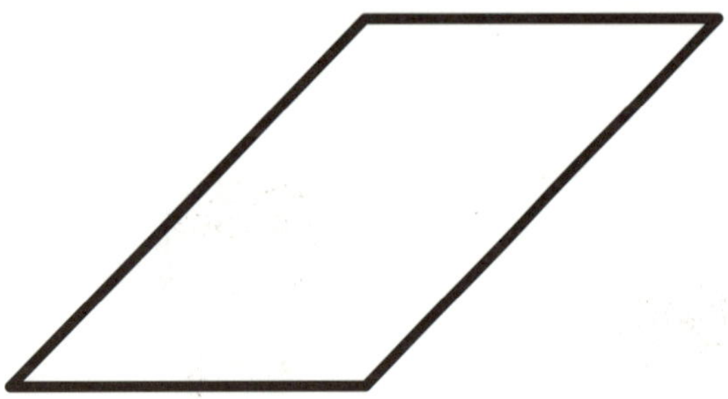

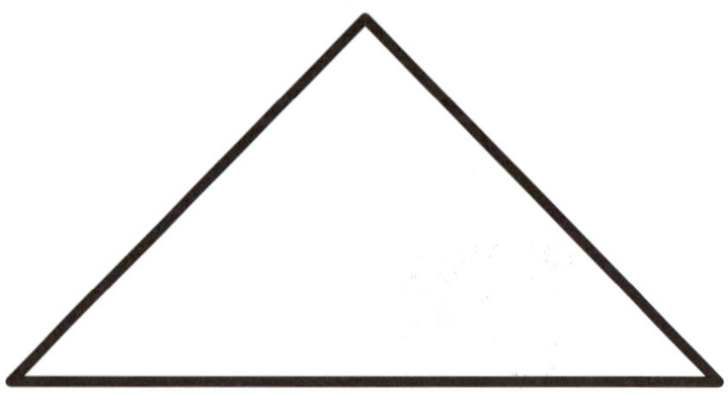

크기 : ______________________________

크기 : ______________________________

다음 모양을 칠교 조각으로 맞추고, 크기를 구해보세요.

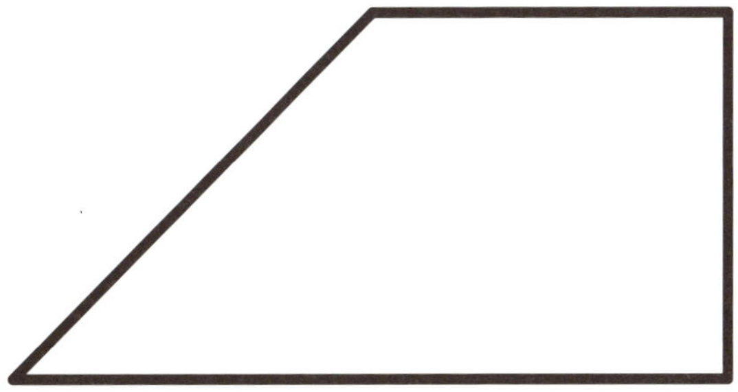

크기 : ______________________________

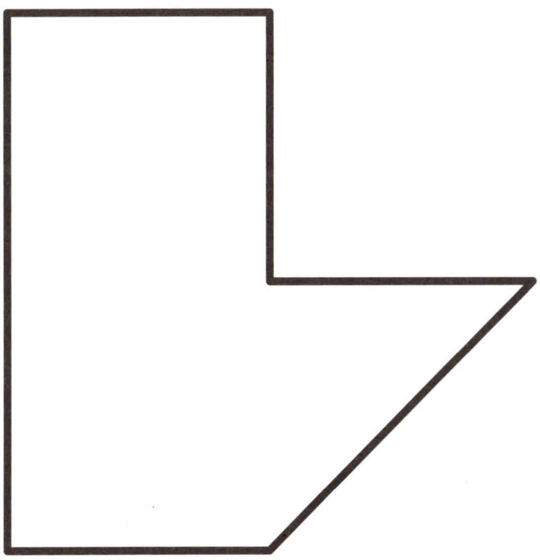

크기 : ______________________________

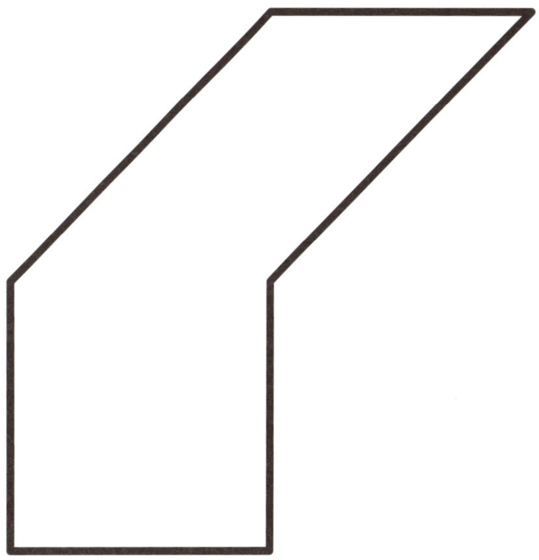

크기 : ______________________________

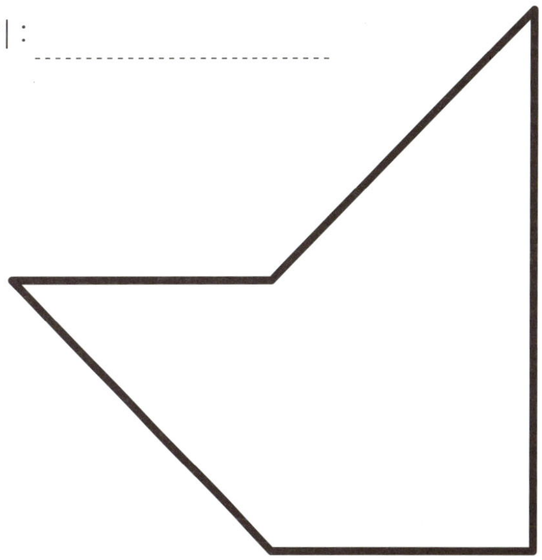

크기 : ______________________________

(가)를 만들고, 한 조각을 움직여서 (나), (다), (라)를 만들어 보세요.

움직인 조각에
스티커를 붙여보자!

(가)

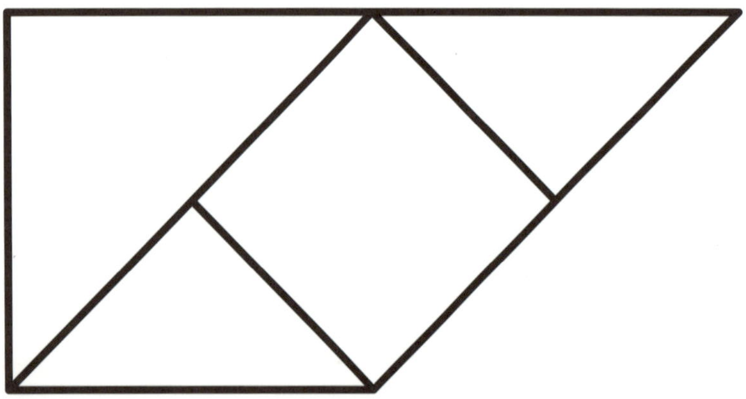

1조각
움직이기

(나)

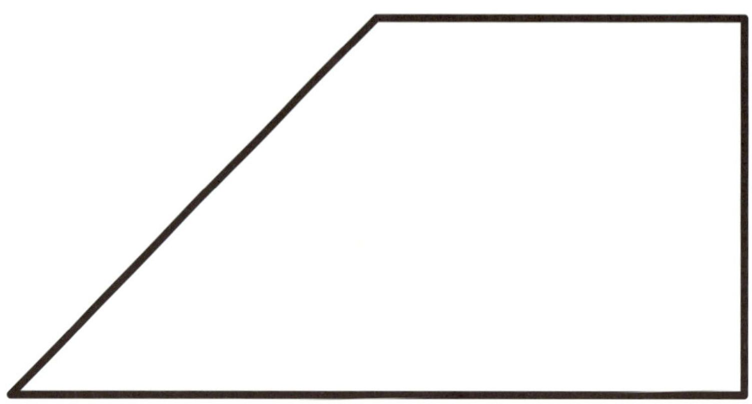

라

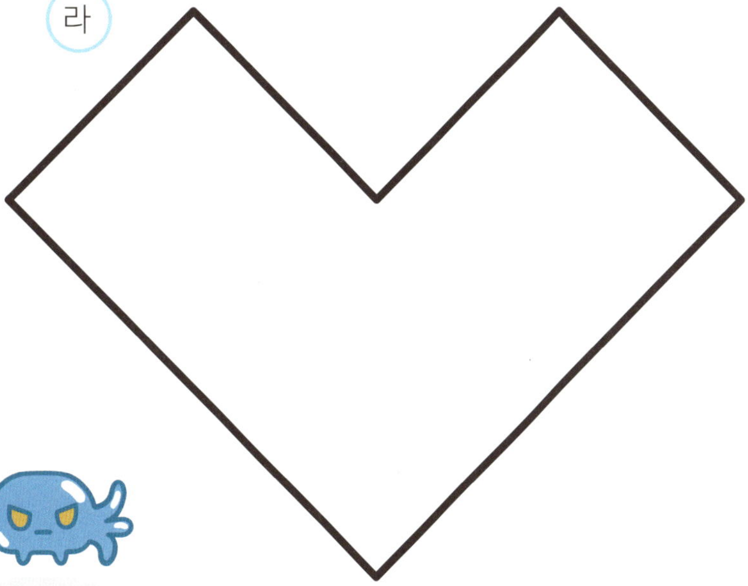

1조각
움직이기

다

1조각
움직이기

9. 한 조각 움직이기 2

도형

(가)에 순서대로 제시된 조각을 붙여서 (나), (다)를 만들고, 스티커를 붙여보세요.

(가) 삼각형

↓ 평행사변형

(나) 사각형

↓ 작은 삼각형

(다) 삼각형

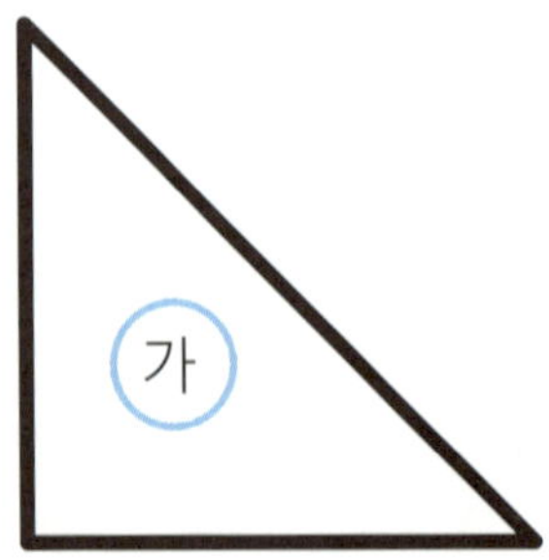

가 에 순서대로 제시된 조각을 붙여서 나, 다 를 만들고, 스티커를 붙여보세요.

가 삼각형

↓ 중간 삼각형

나 사각형

↓ 평행사변형

다 사각형

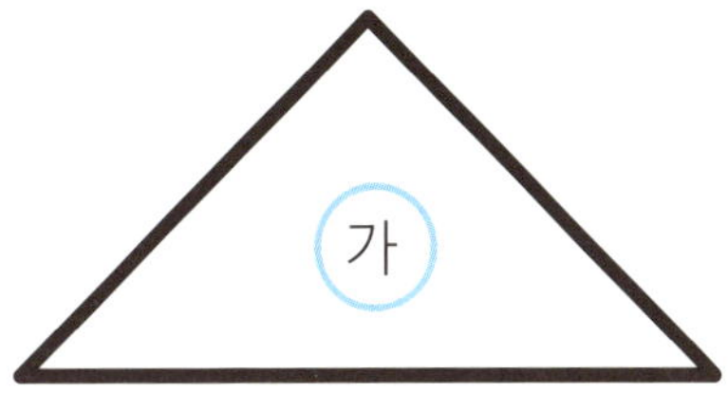

10. 한 조각 움직이기 3

가 를 만들고, 한 조각을 움직여서 나, 다, 라 를 만들어 보세요.

가

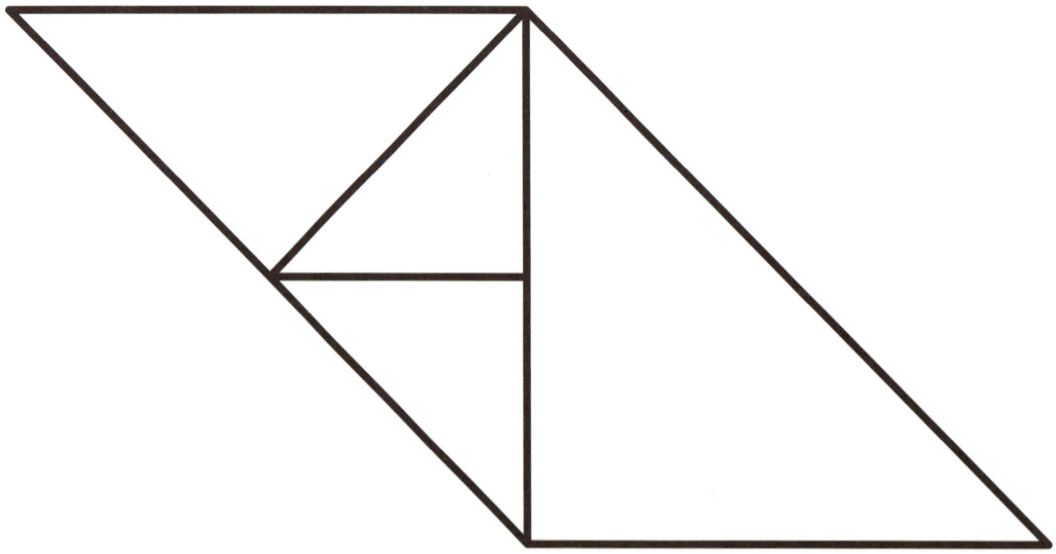

1조각
움직이기

나

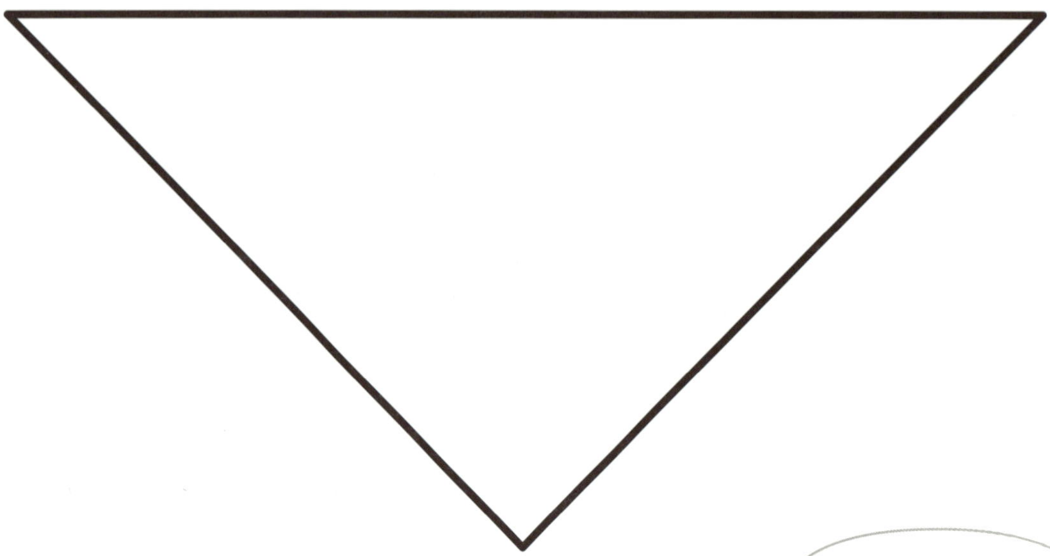

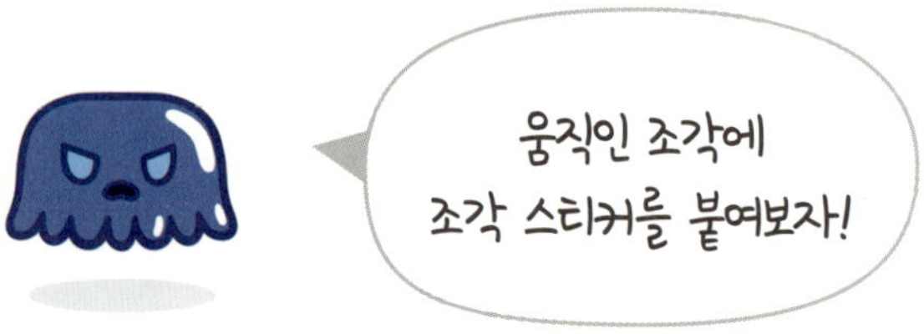

라

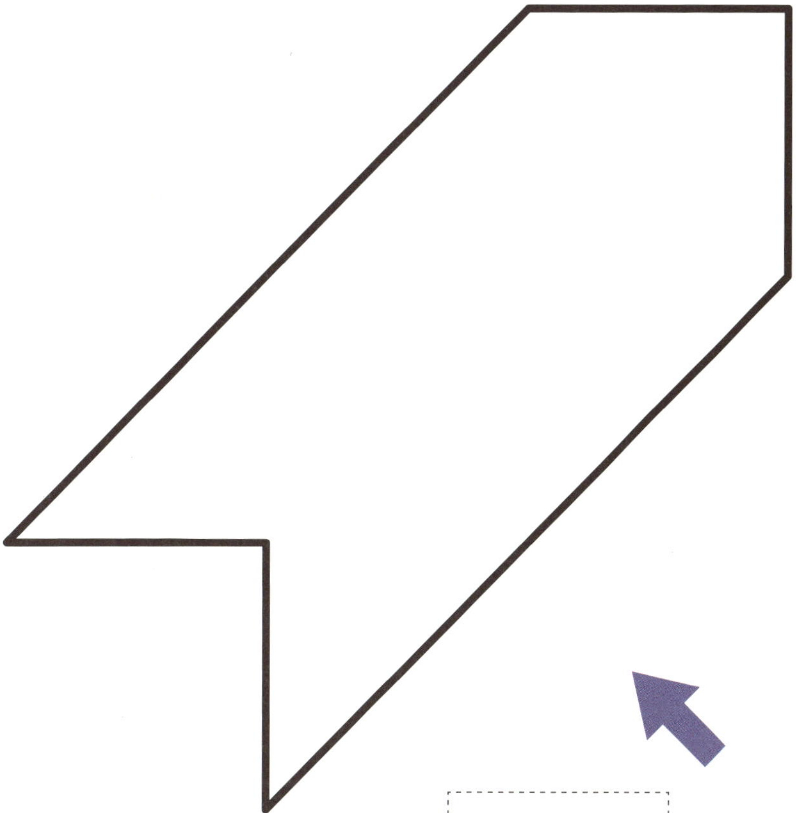

1조각
움직이기

다

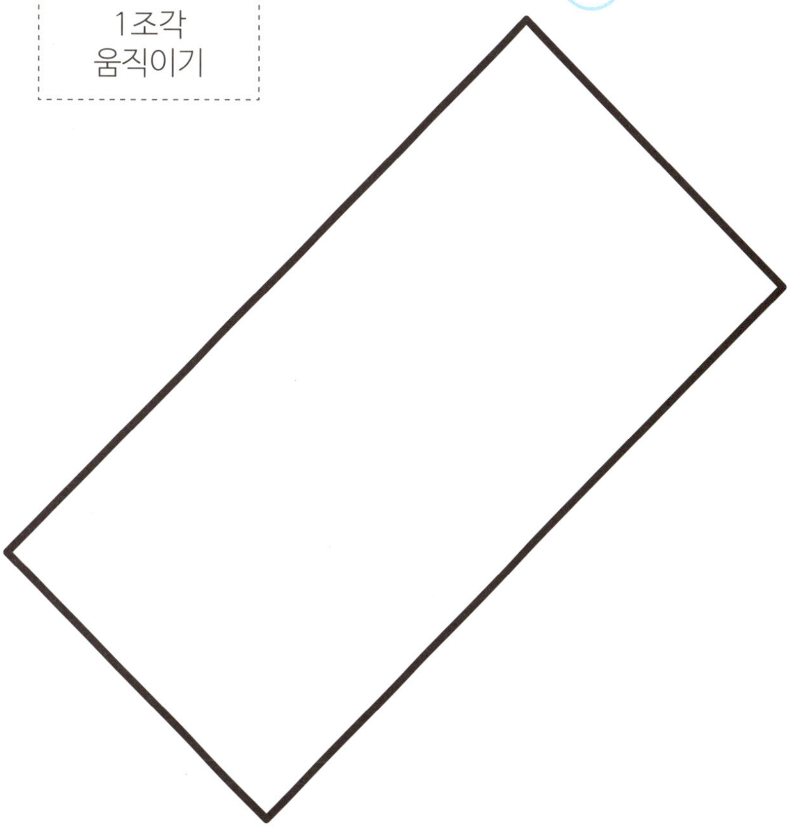

1조각
움직이기

11. 모양 맞추기 4

도형

다음 모양을 만들어 보세요.

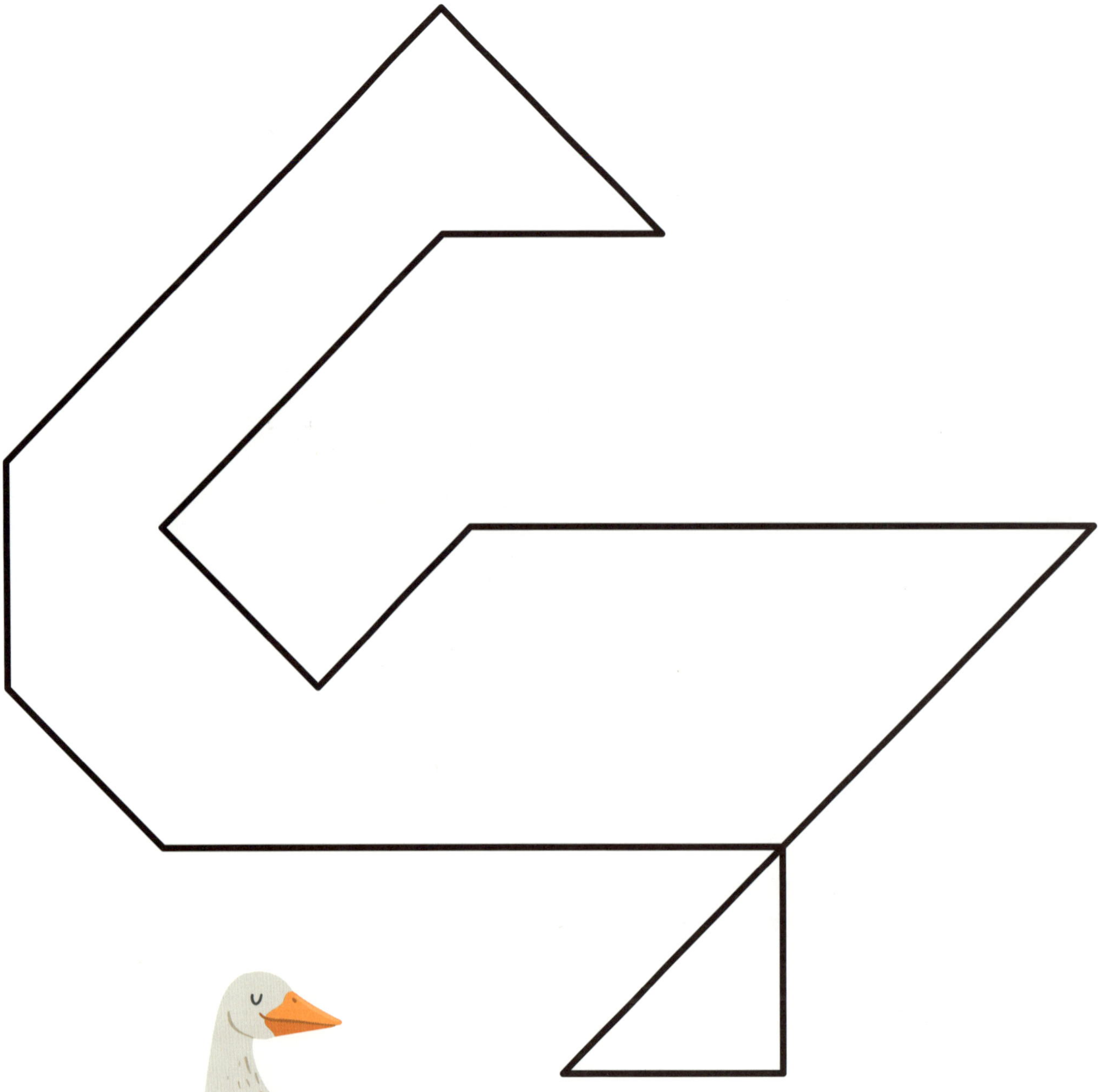

다음 모양을 만들어 보세요.

12. 모양 맞추기 5

다음 모양을 만들어 보세요.

다음 모양을 만들어 보세요.

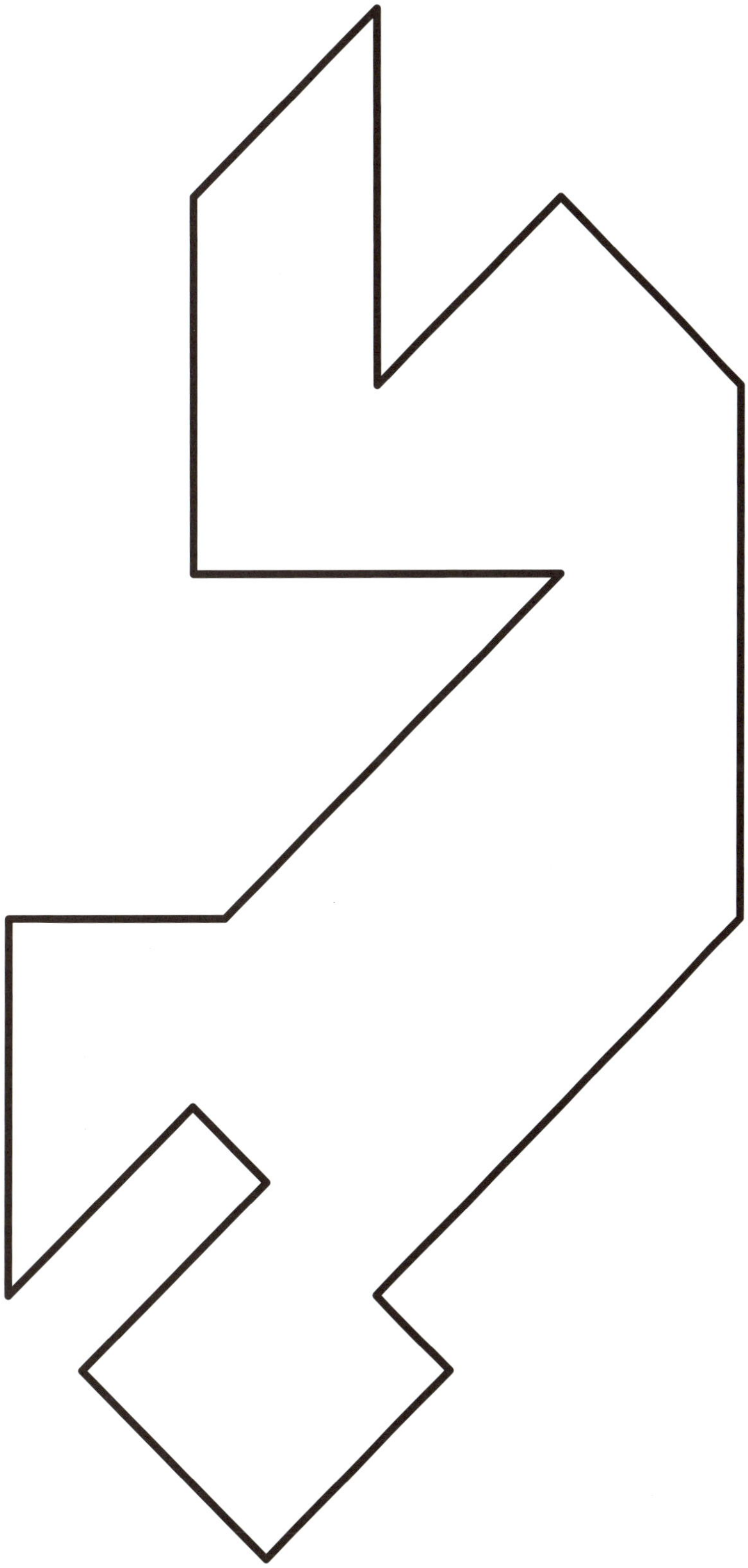

13. 칠교 조각 옆면 알기

도형

왼쪽 그림 위에 칠교 조각을 올려놓고, 조각의 **옆면에만** 스티커를 붙인 후 각각의 개수를 세어 보세요.

______ 개

______ 개 ______ 개

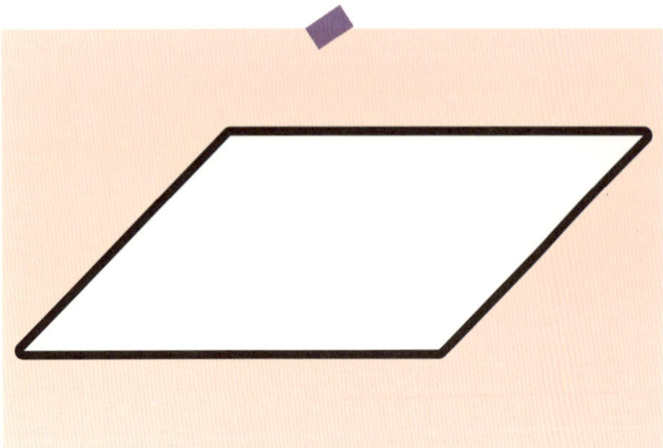

______ 개 ______ 개

왼쪽 그림 위에 칠교 조각을 올려놓고, 조각의 **옆면에만** 스티커를 붙인 후 각각의 개수를 세어 보세요.

______ 개

______ 개

______ 개

______ 개

14. 도장 찍어 면 익히기

측정

작은 삼각형 조각에 물감을 바르고 도장을 찍었을 때, 나올 수 있는 모양의 면을 모두 골라보세요

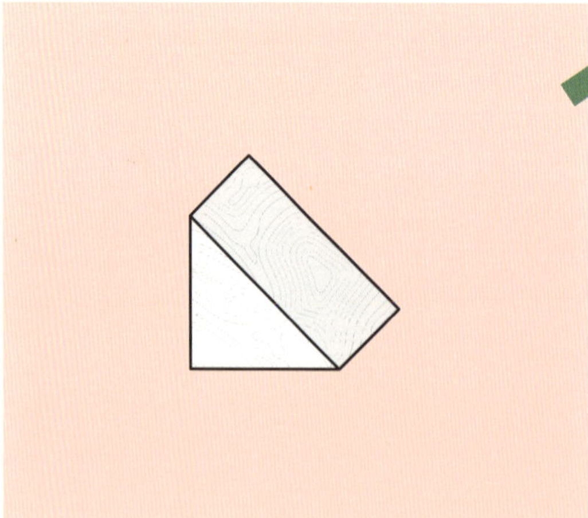

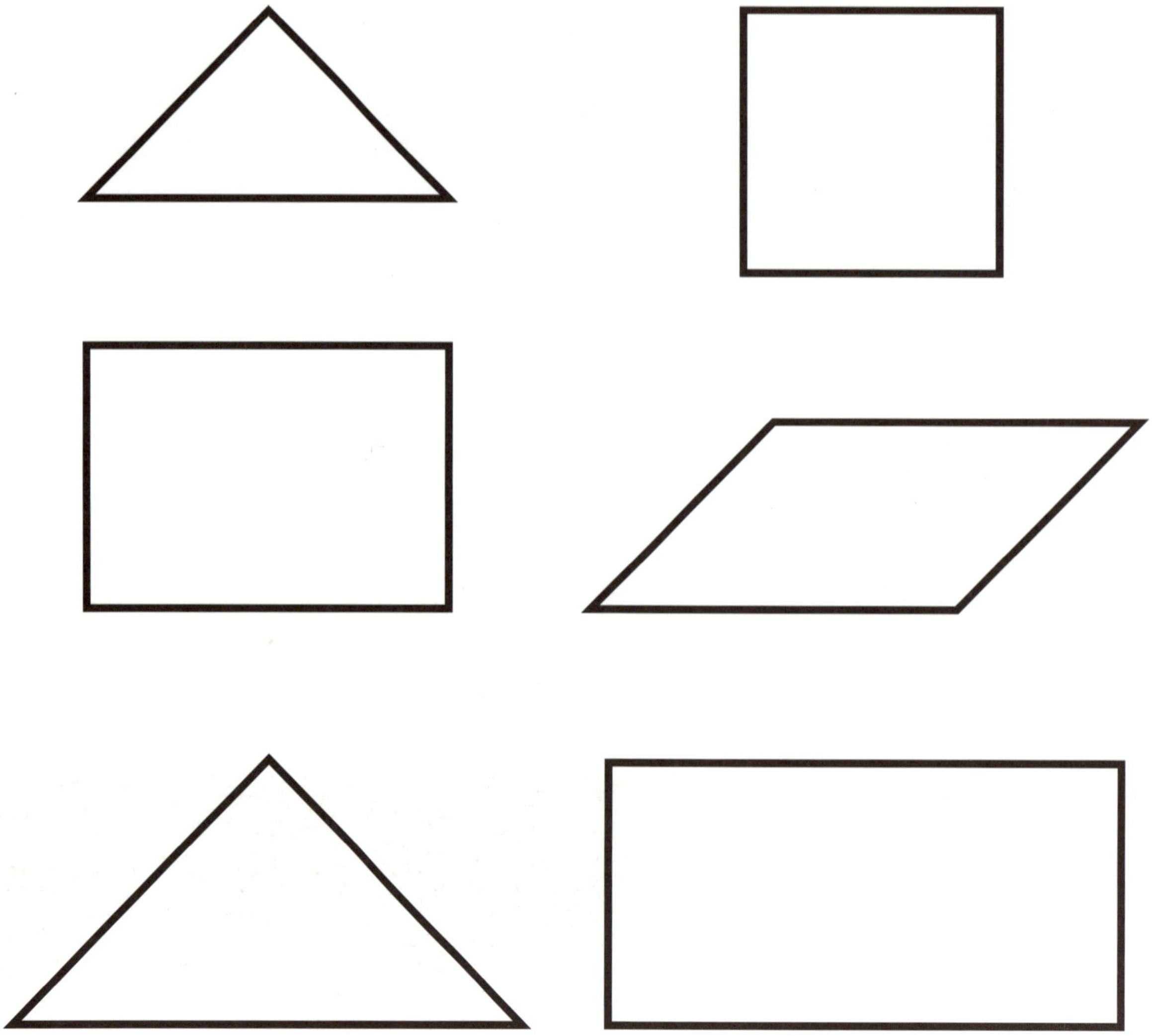

평행사변형 조각에 물감을 바르고 도장을 찍었을 때, 나올 수 있는 모양의 면을 모두 골라보세요

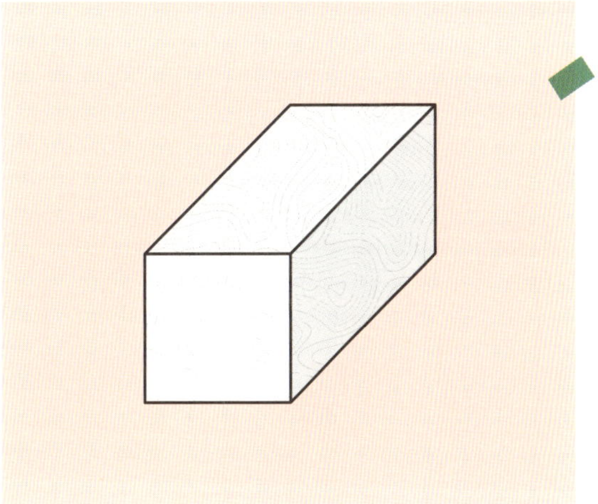

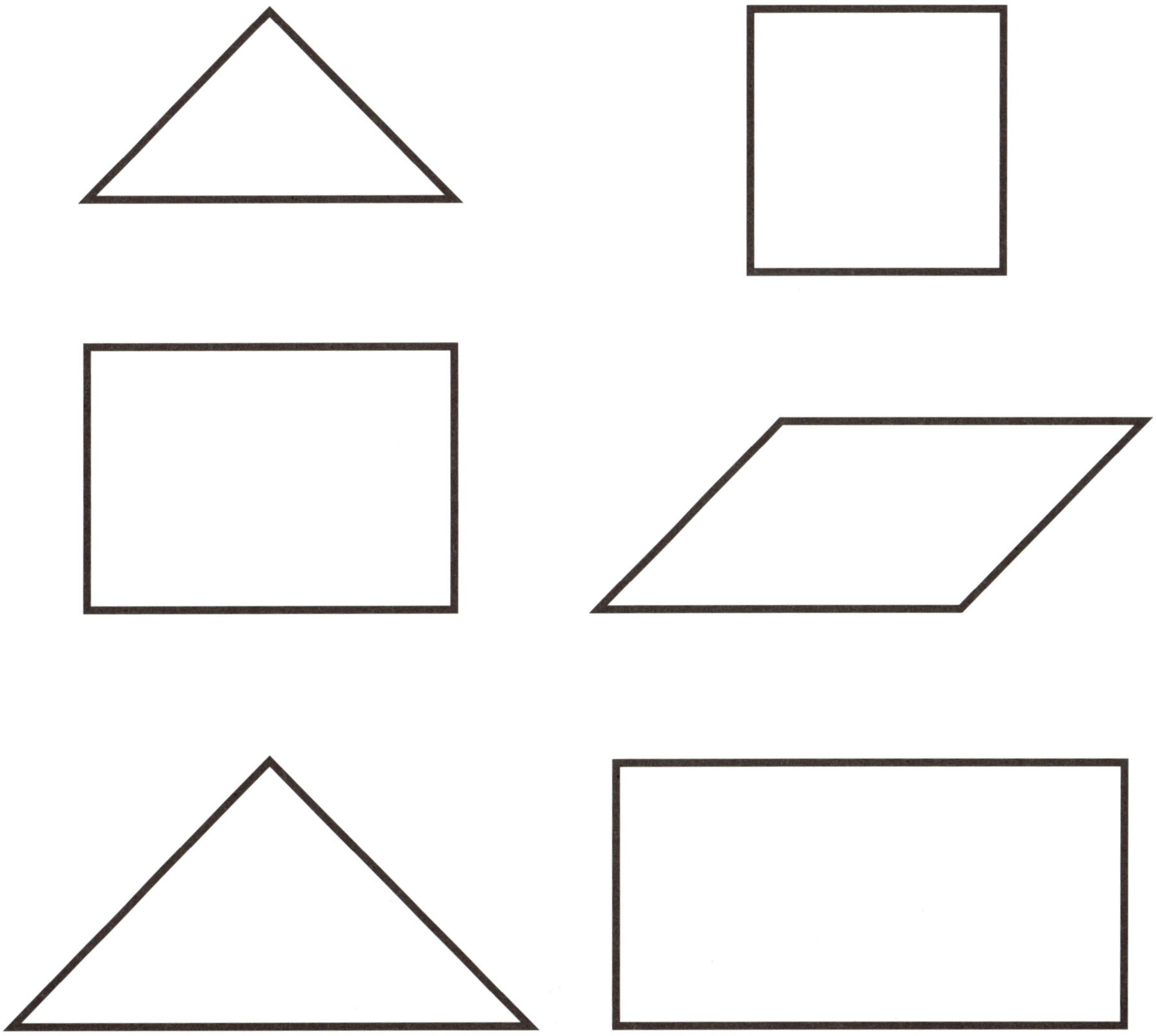

티칭 가이드 다른 조각들도 도장을 찍는다면 어떤 모양이 나올 수 있는지 활동해 보세요.

다음 모양을 만들어 보세요.

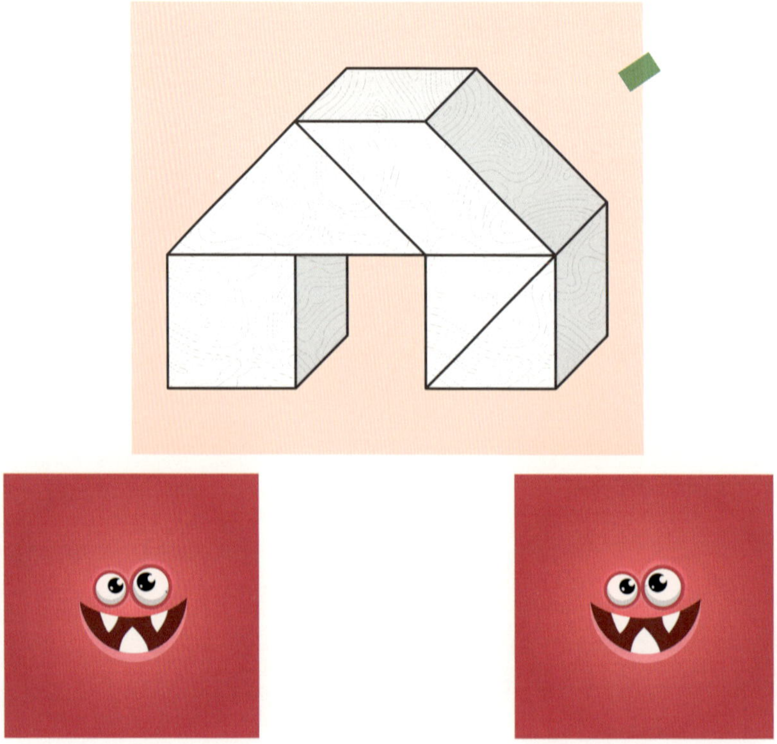

다음 모양을 만들어 보세요.

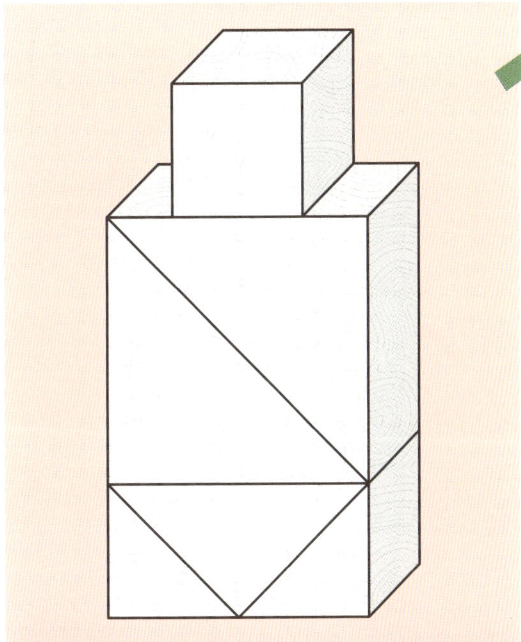

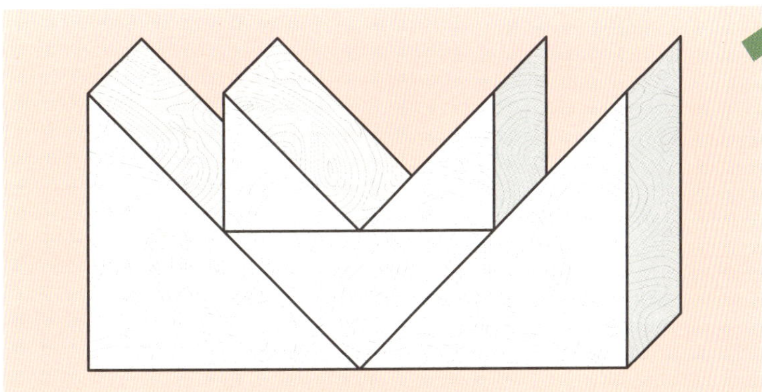

16. 입체 모양 쌓기 1

도형

다음 모양들을 합쳐서 입체 모양을 만들어 보세요.

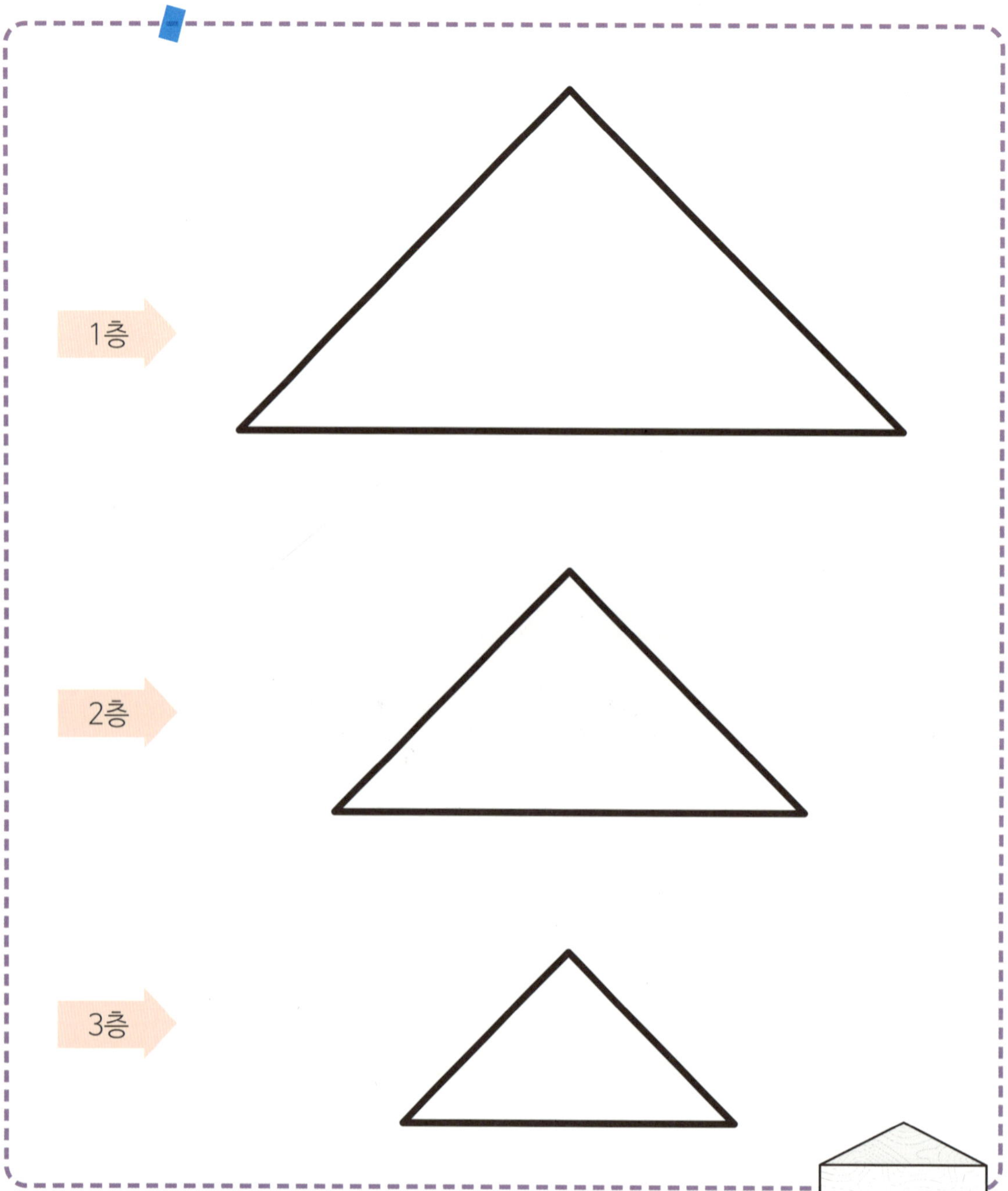

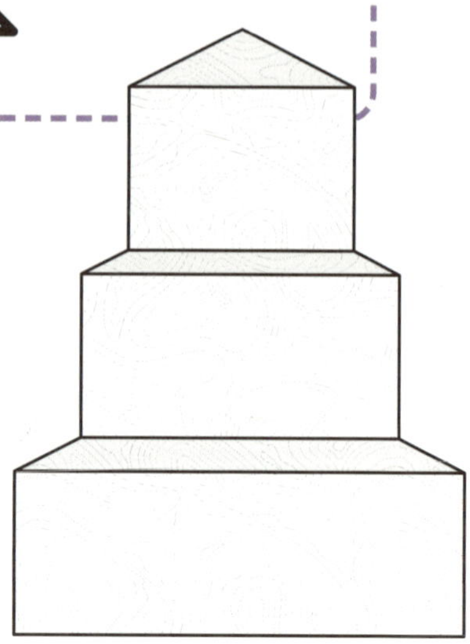

다음 모양들을 합쳐서 입체 모양을 만들어 보세요.

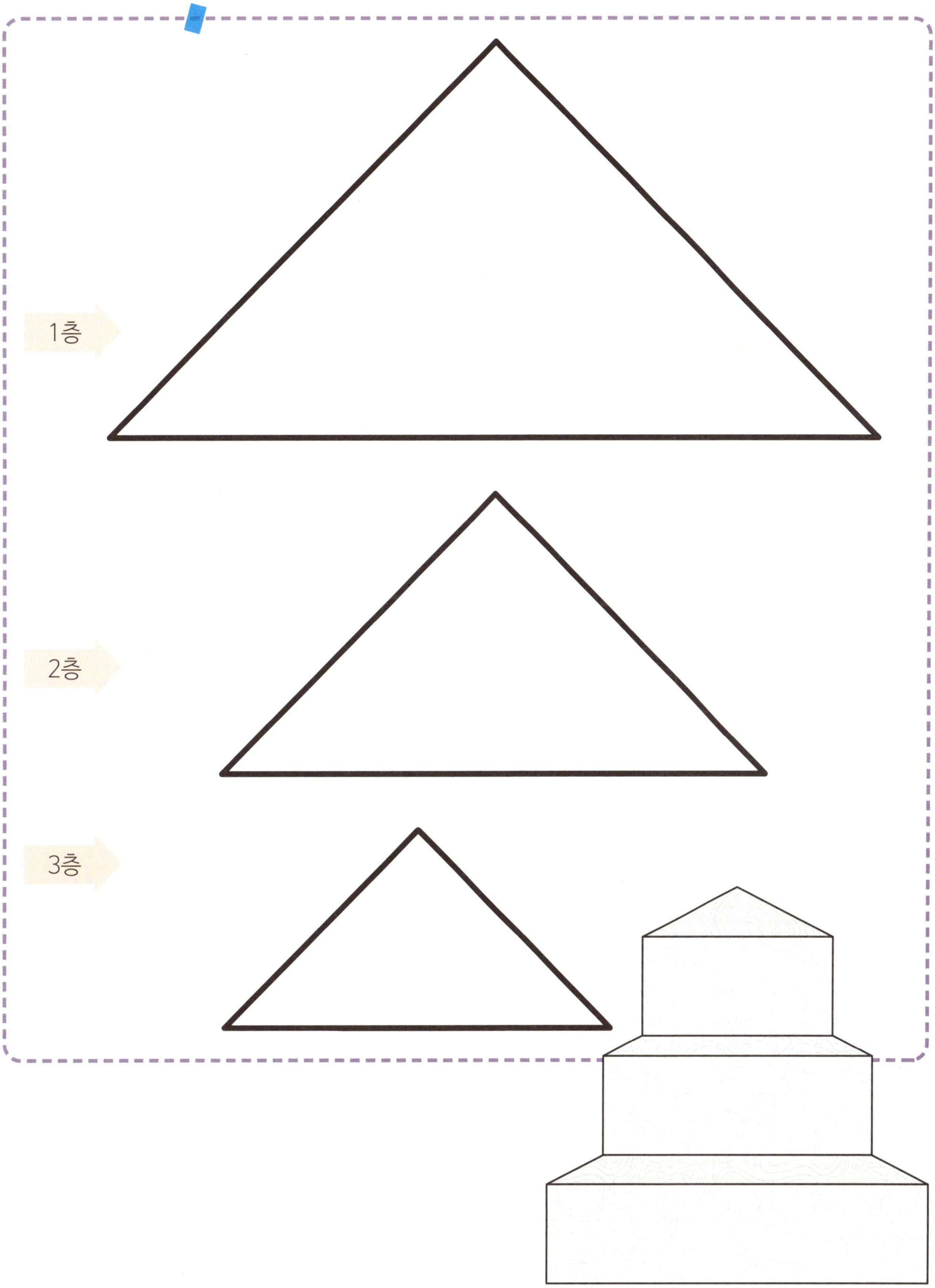

17. 입체 모양 쌓기 2

도형

다음 모양을 만들고 입체 모양을 만들어 보세요.

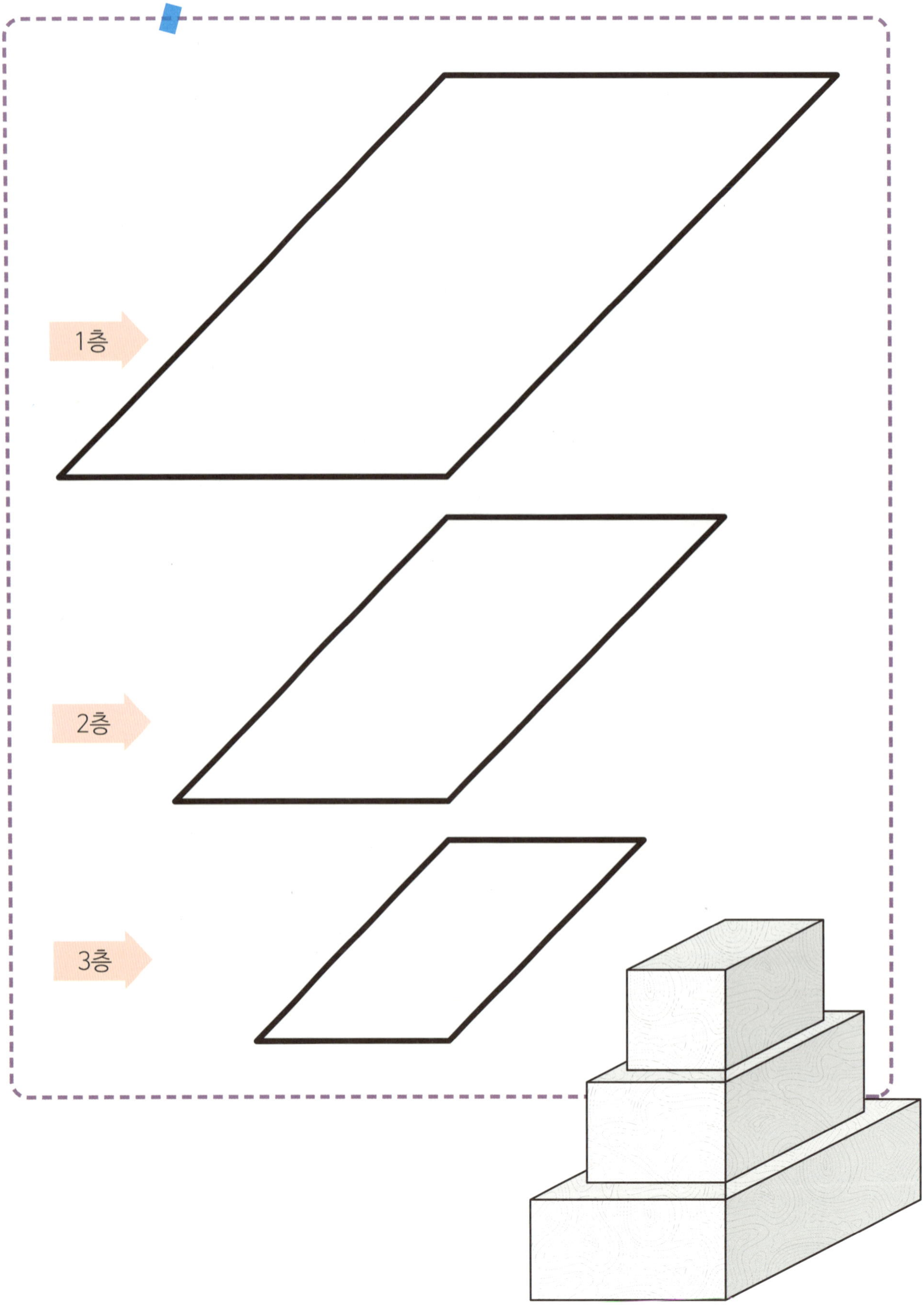

다음 모양을 만들고 입체 모양을 만들어 보세요.

1층

2층

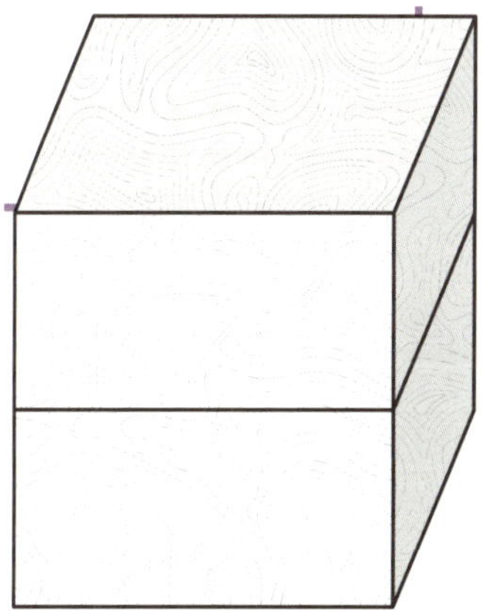

18. 모양 세우기 1

다음 평면 모양을 맞추고, 이를 세워서 입체 모양으로 만들어 보세요.

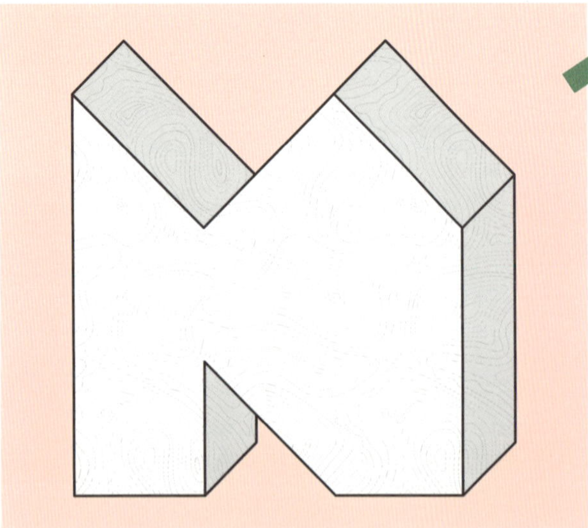

5조각

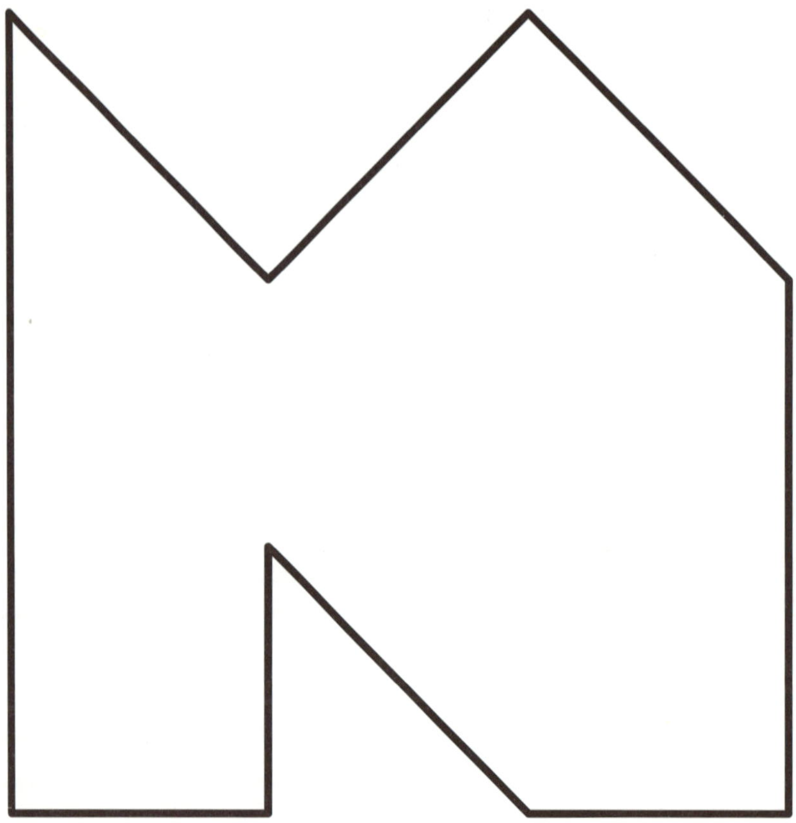

다음 평면 모양을 맞추고, 이를 세워서 입체 모양으로 만들어 보세요.

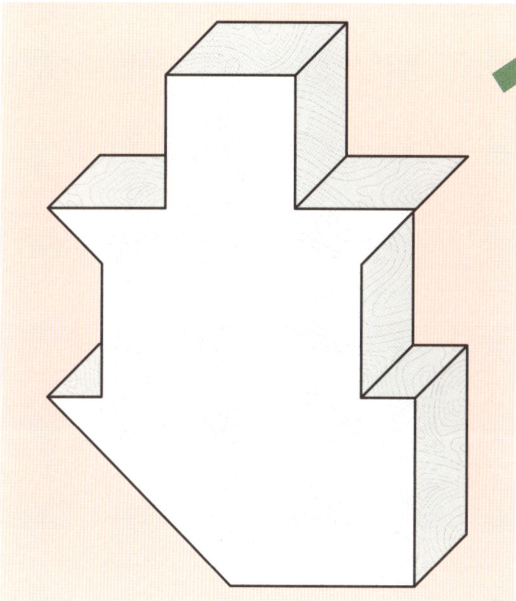

6조각

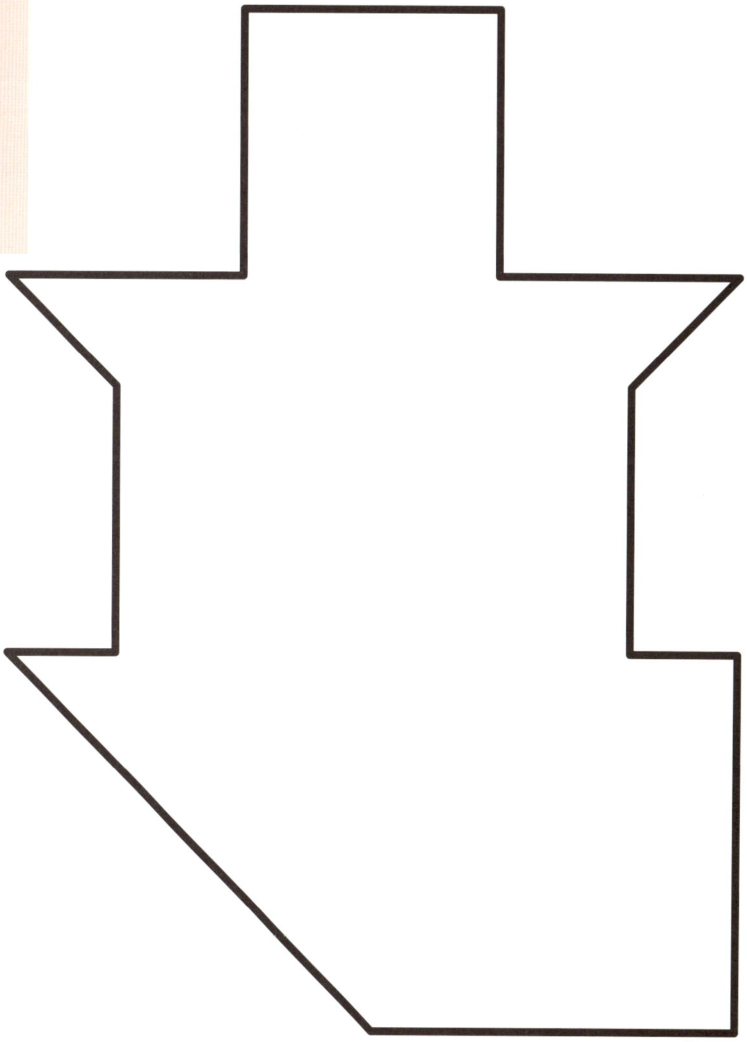

다음 평면 모양을 맞추고, 이를 세워서 입체 모양으로 만들어 보세요.

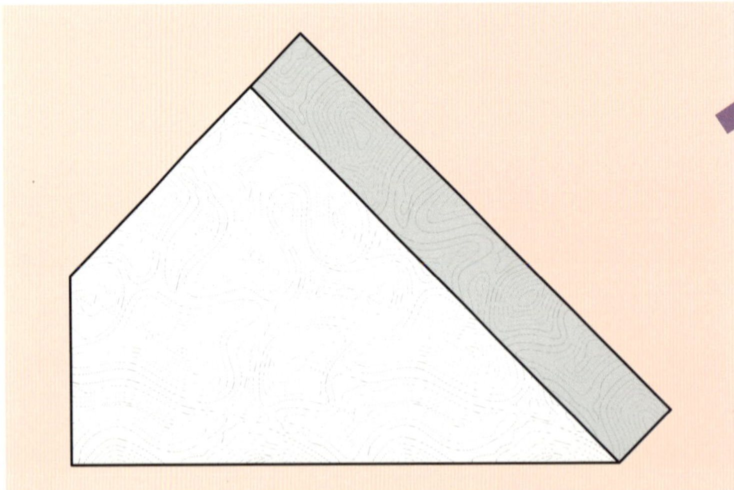

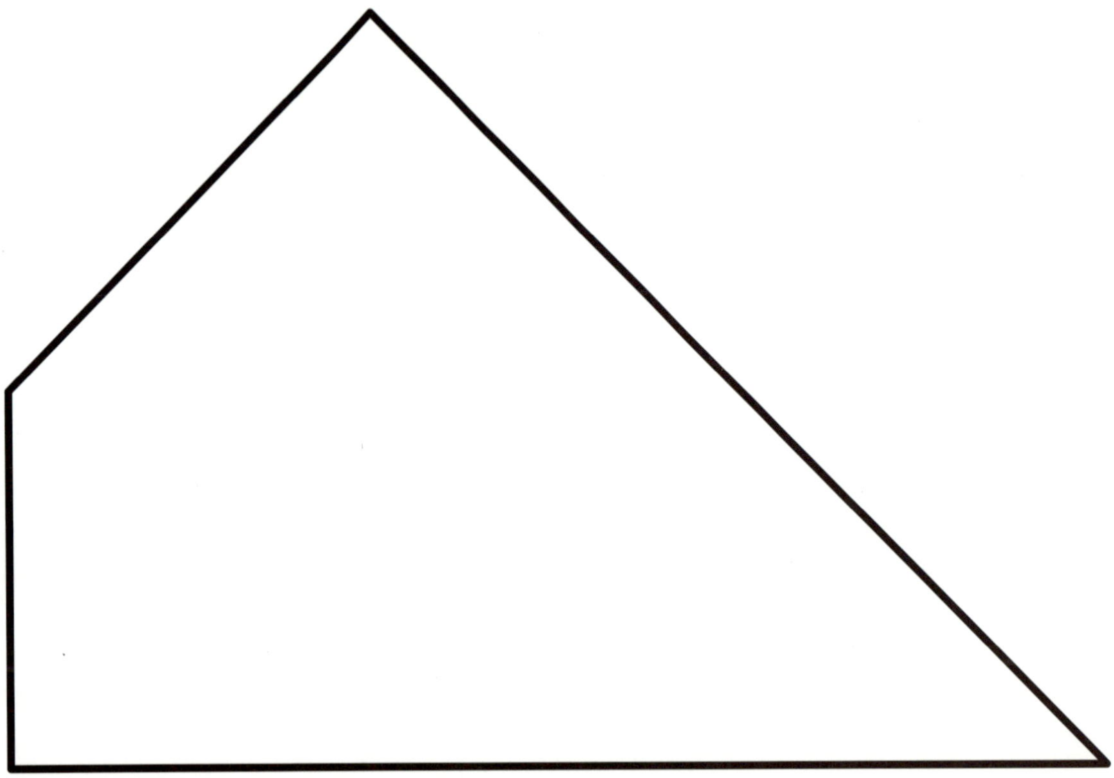

다음 평면 모양을 맞추고, 이를 세워서 입체 모양으로 만들어 보세요.

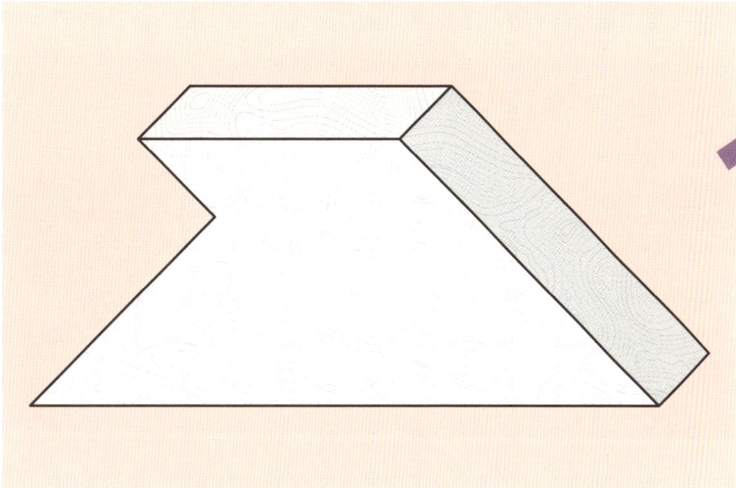

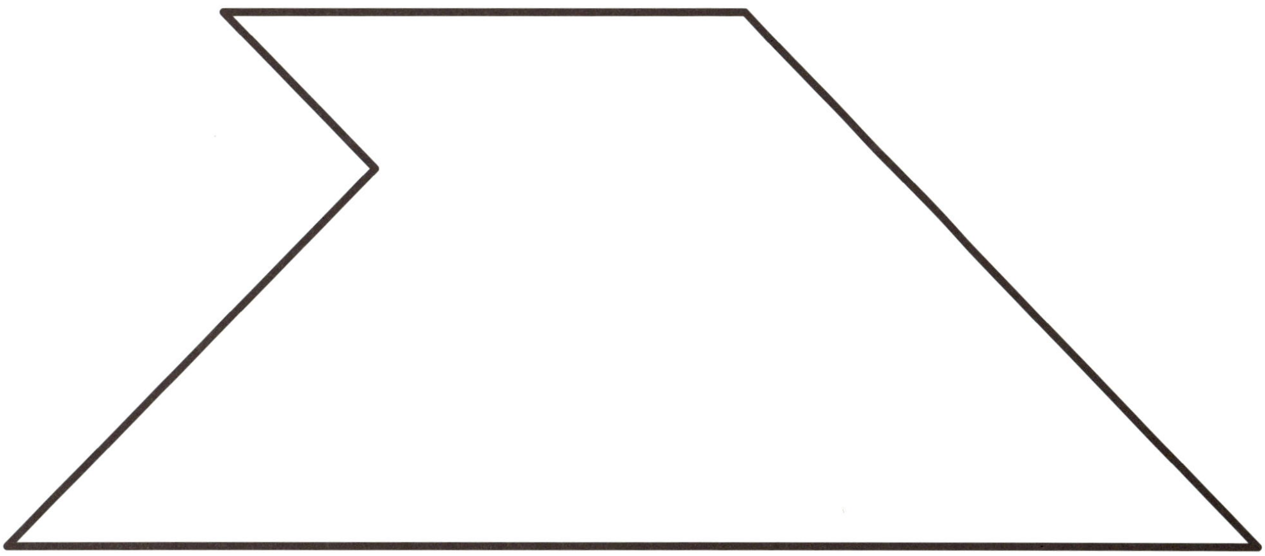

20. 모양 세우기 3

다음 평면 모양을 맞추고, 이를 세워서 입체 모양으로 만들어 보세요.

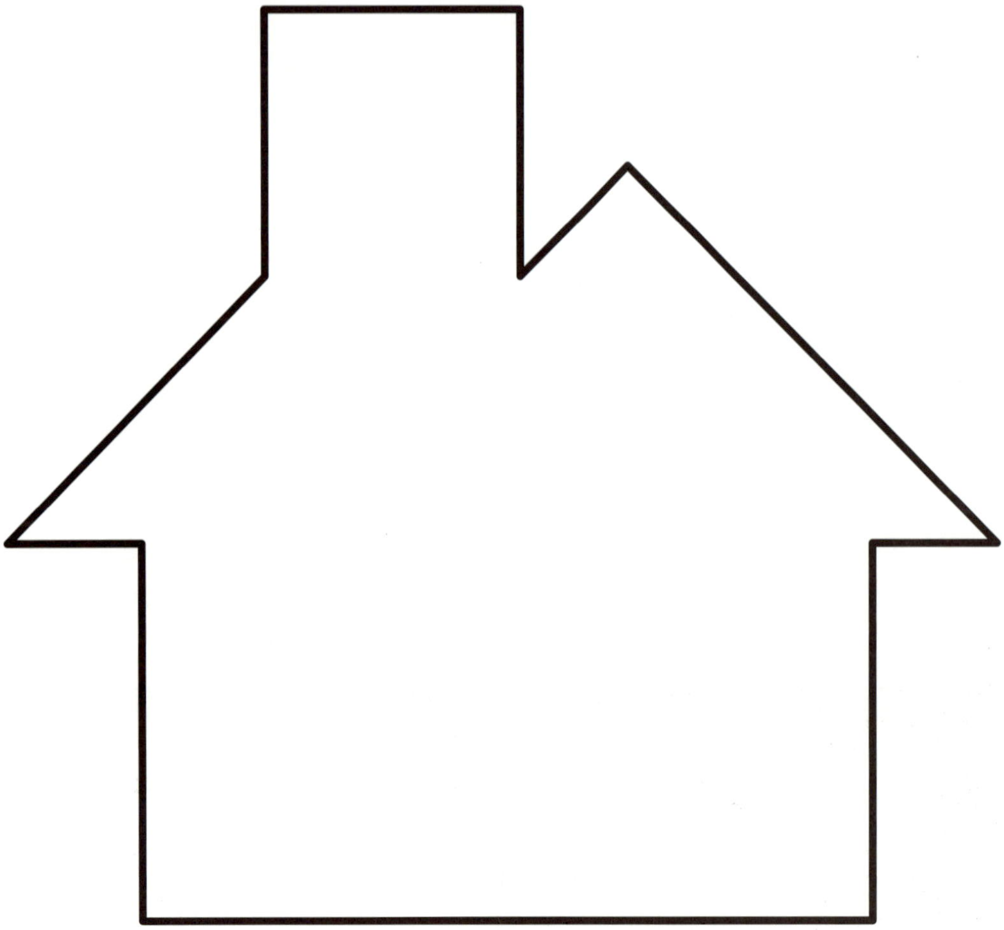

다음 평면 모양을 맞추고, 이를 세워서 입체 모양으로 만들어 보세요.

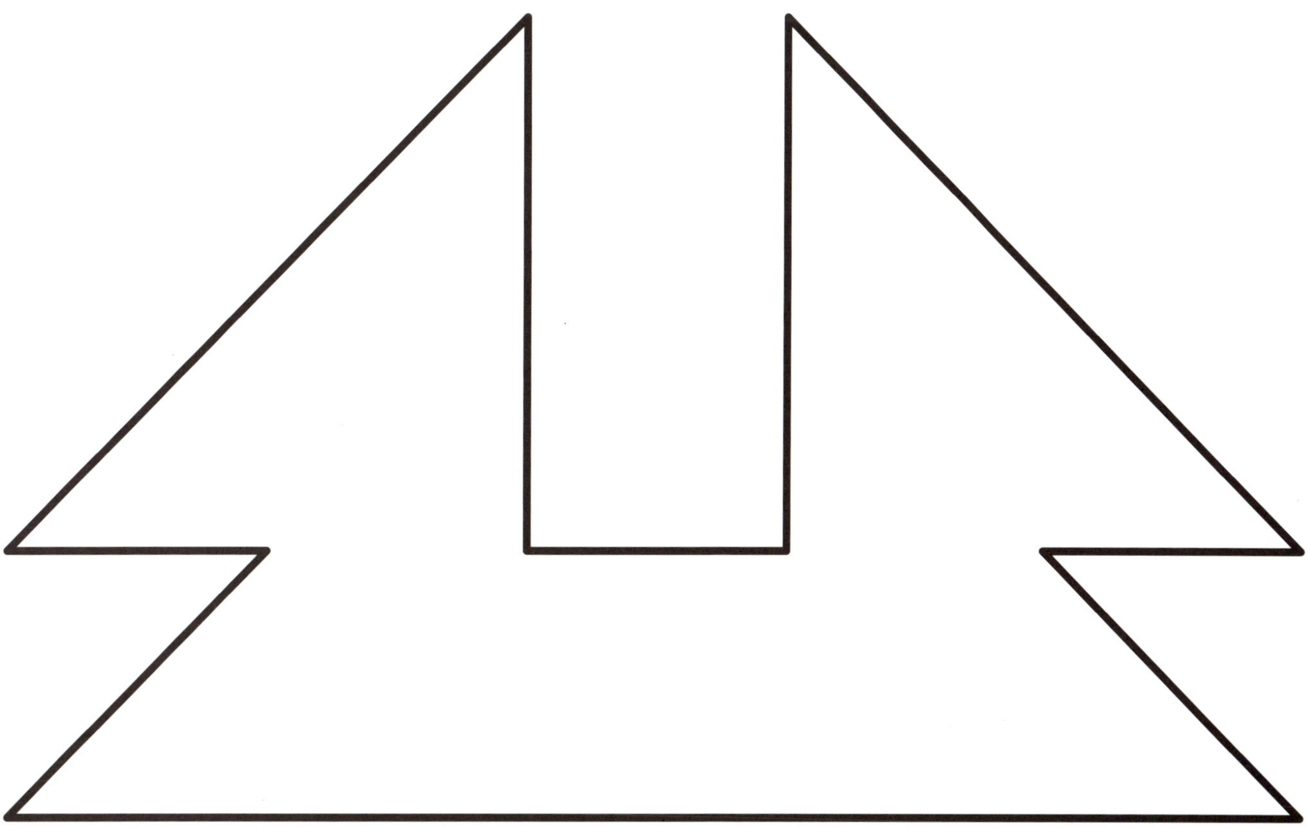

정답 제시된 방법 외에 다양한 답이 나올 수 있습니다.

p.6

1. 칠교 조각 익히기 도형

칠교 조각을 놓고 이름을 약속해 보세요.

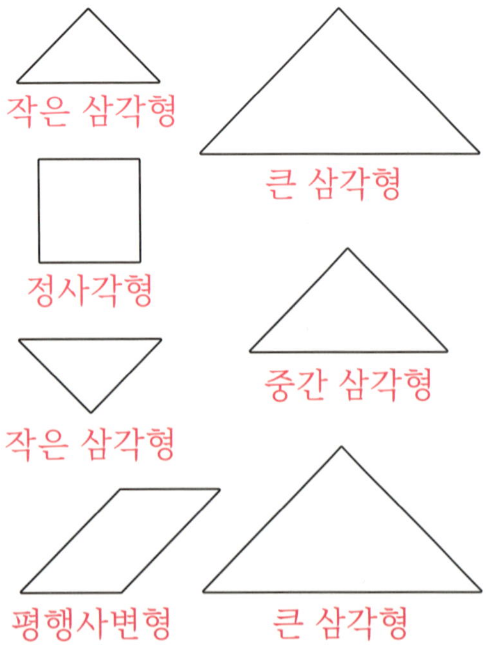

6 CHALLENGE STEP 1

p.7

교구 탐색

칠교 조각은 정사각형을 잘라서 만들었어요. 다음의 점과 점을 차례대로 이어서 칠교 조각을 만들어 보세요.

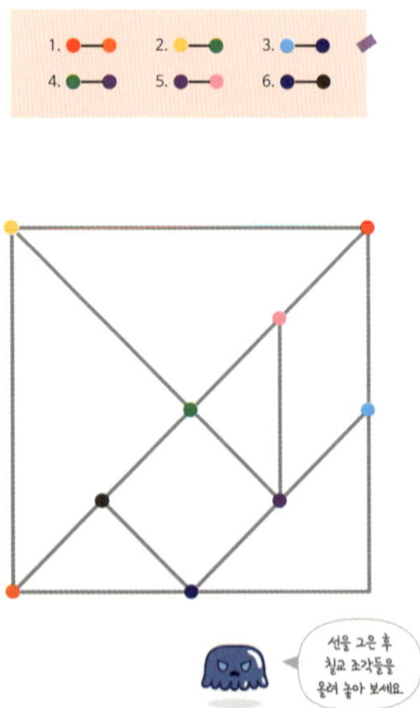

티칭 가이드 이름 스티커 1세트는 6쪽 교재에 붙이고, 1세트는 칠교 조각 윗면에 붙여주세요.

입체칠교 7

p.8

2. 칠교 조각 찾기 도형

숨어 있는 칠교 조각을 찾아 색칠해 보세요.

8 CHALLENGE STEP 1

p.9

교구 탐색

숨어 있는 칠교 조각을 찾아 색칠해 보세요.

무슨 모양이 보이니?

입체칠교 9

제시된 방법 외에 다양한 답이 나올 수 있습니다.

p.10

3. 모양 맞추기 1

도형

다음 모양을 맞추고, 무슨 모양인지 써 보세요.

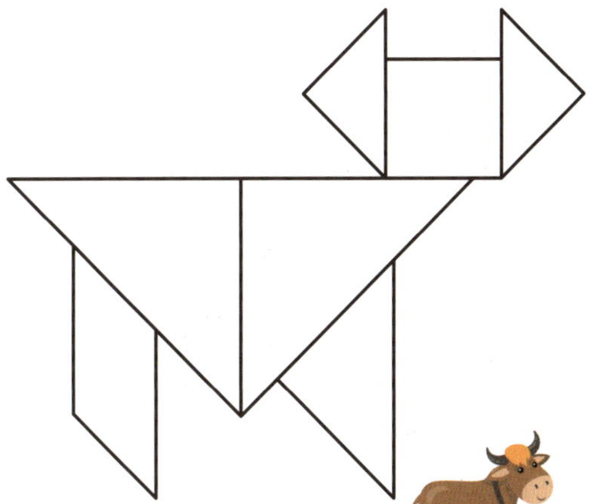

송 아 지

10 CHALLENGE STEP 1

p.11

모양 만들기

다음 모양을 맞추고, 무슨 모양인지 써 보세요.

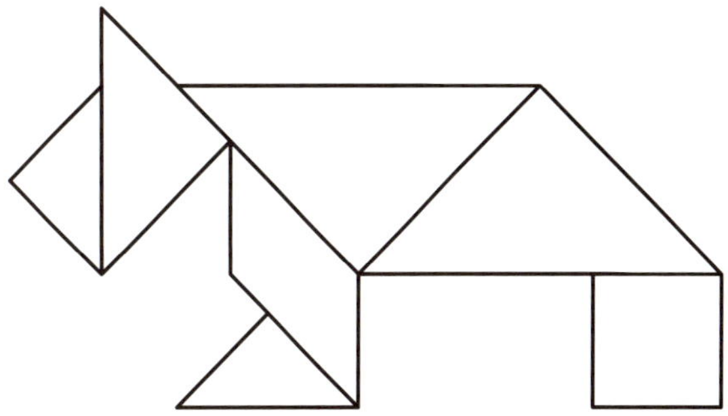

코 뿔 소

입체칠교 11

p.12

4. 축소 모양 보고 맞추기

도형

다음 축소 모양을 보고 그림을 맞춰보세요.

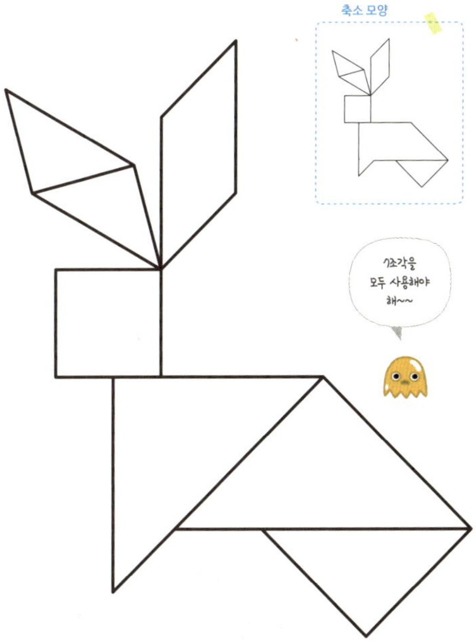

축소 모양

7조각을 모두 사용해야 해~~

12 CHALLENGE STEP 1

p.13

모양 만들기

다음 축소 모양을 보고 그림을 맞춰보세요.

티칭 가이드 교재를 옆으로 돌려서 모양을 맞춰봅니다.

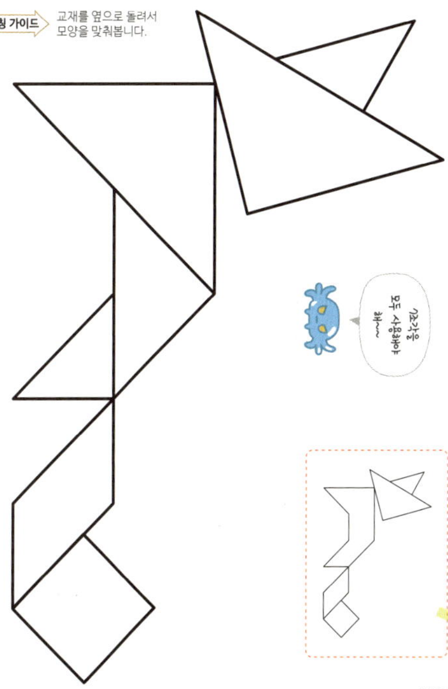

7조각을 모두 사용해야 해~~

축소 모양

입체칠교 13

정답 제시된 방법 외에 다양한 답이 나올 수 있습니다.

p.14

5. 모양 맞추기 2

도형

다음 모양을 만들고 알맞은 동작을 찾아보세요.

p.15

모양 맞추기

다음 모양을 만들고 알맞은 동작을 찾아보세요.

p.16

6. 모양 맞추기 3

도형

다음 모양을 만들고 알맞은 동작을 찾아보세요.

p.17

모양 맞추기

다음 모양을 만들고 알맞은 동작을 찾아보세요.

제시된 방법 외에 다양한 답이 나올 수 있습니다.

p.18

7. 크기 구하기

측정

작은 삼각형의 크기를 1이라고 약속합니다. 칠교 조각의 크기를 구해보세요.

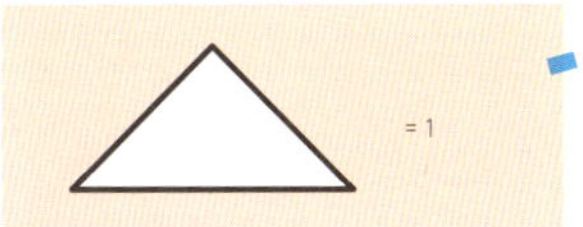

크기 : 2

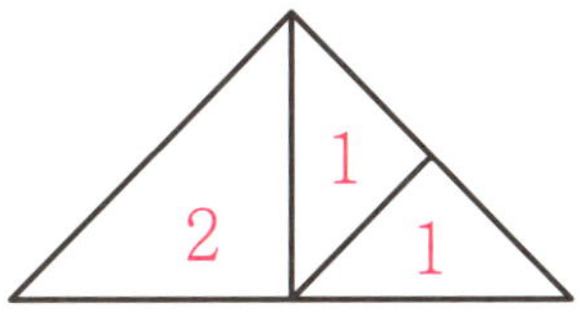

크기 : 4

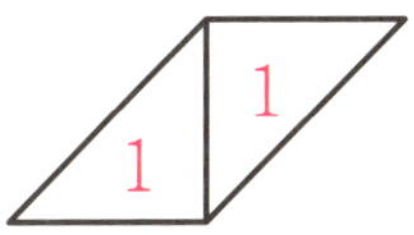

크기 : 2

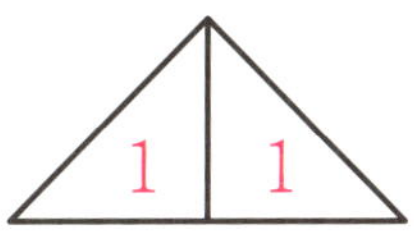

크기 : 2

p.19

크기 구하기

다음 모양을 칠교 조각으로 맞추고, 크기를 구해보세요.

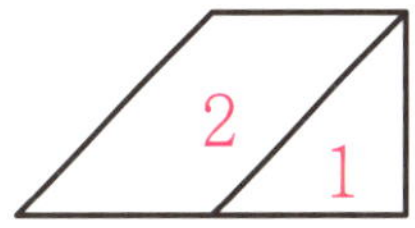

크기 : 3

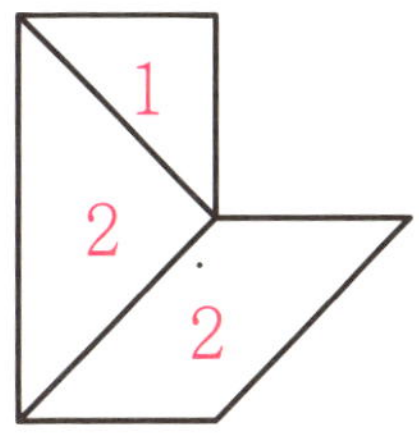

크기 : 5

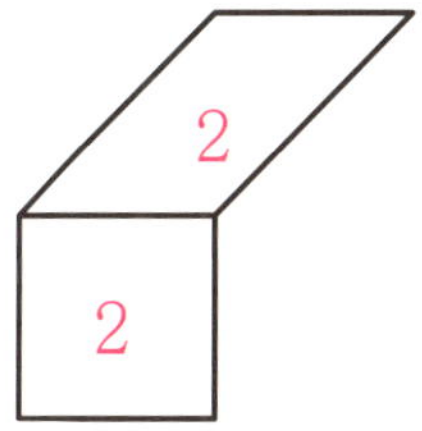

크기 : 4

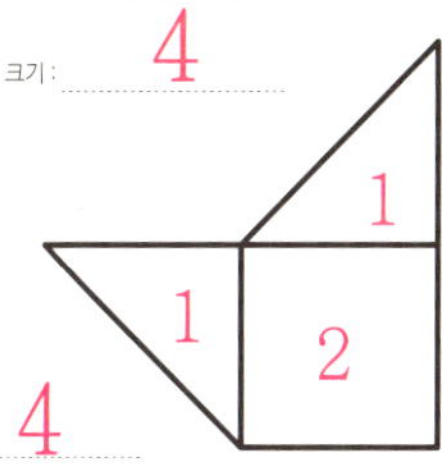

크기 : 4

p.20

8. 한 조각 움직이기 1

도형

가 를 만들고, 한 조각을 움직여서 나 , 다 , 라 를 만들어 보세요.

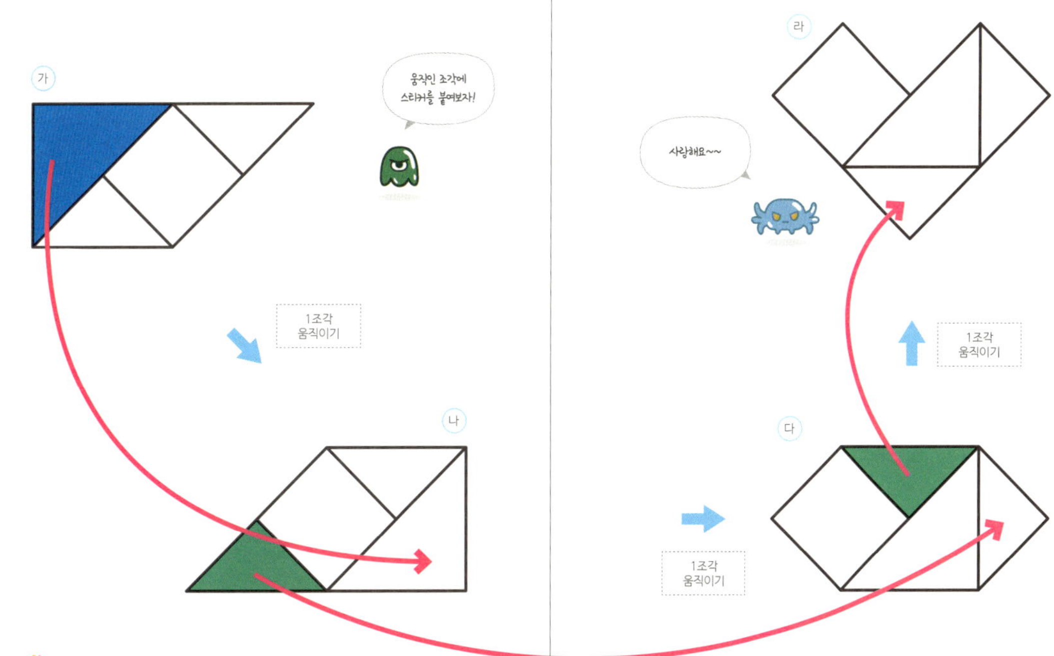

p.21

조각 움직이기

정답 제시된 방법 외에 다양한 답이 나올 수 있습니다.

p.22

9. 한 조각 움직이기 2

도형

㉮에 순서대로 제시된 조각을 붙여서 ㉯, ㉰를 만들고, 스티커를 붙여보세요.

㉮ 삼각형

평행사변형

㉯ 사각형

작은 삼각형

㉰ 삼각형

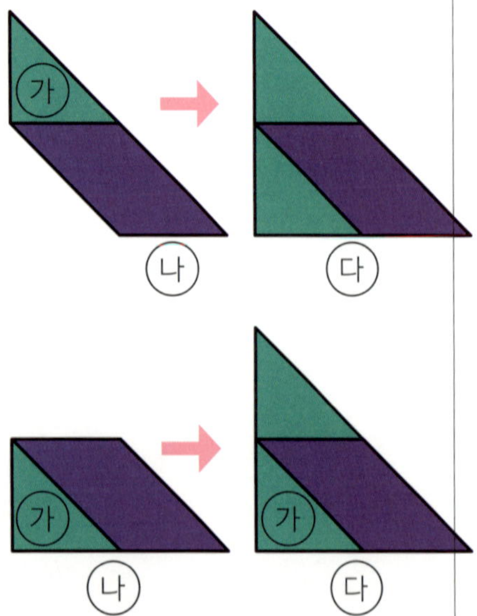

㉯를 만드는 방법은 2가지가 있습니다.

p.23

조각 붙이기

㉮에 순서대로 제시된 조각을 붙여서 ㉯, ㉰를 만들고, 스티커를 붙여보세요.

㉮ 삼각형

중간 삼각형

㉯ 사각형

평행사변형

㉰ 사각형

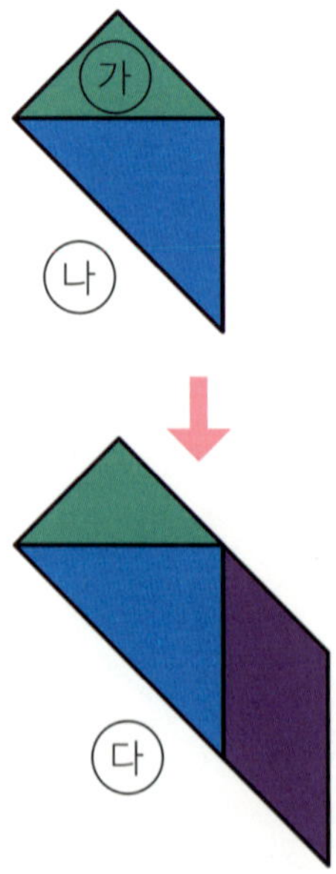

p.24

10. 한 조각 움직이기 3

도형

㉮를 만들고, 한 조각을 움직여서 ㉯, ㉰, ㉱를 만들어 보세요.

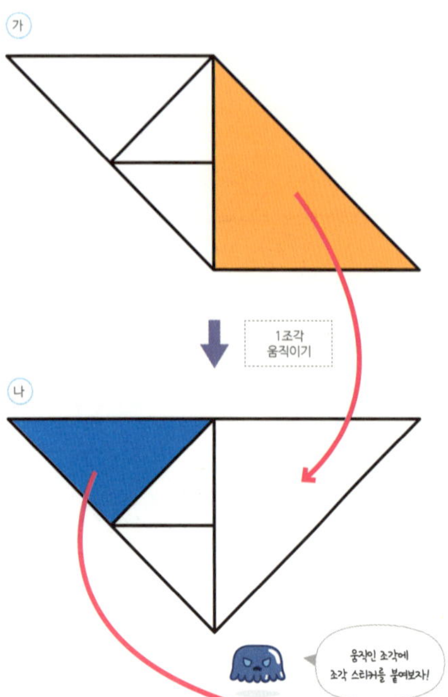

p.25

조각 움직이기

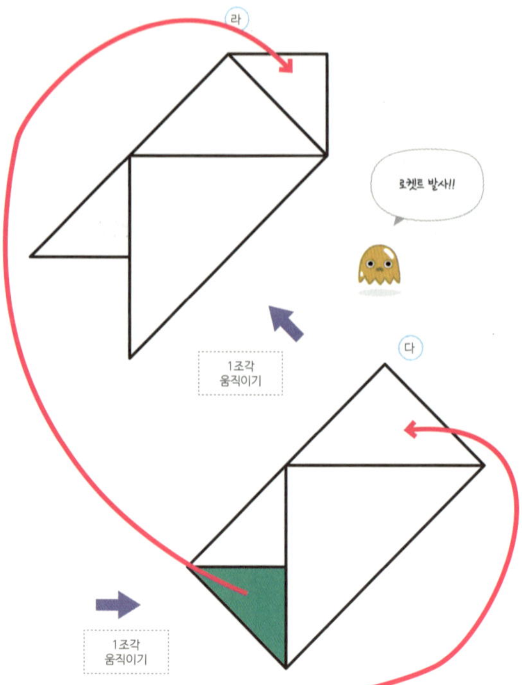

제시된 방법 외에 다양한 답이 나올 수 있습니다.

p.26

11. 모양 맞추기 4

도형

다음 모양을 만들어 보세요.

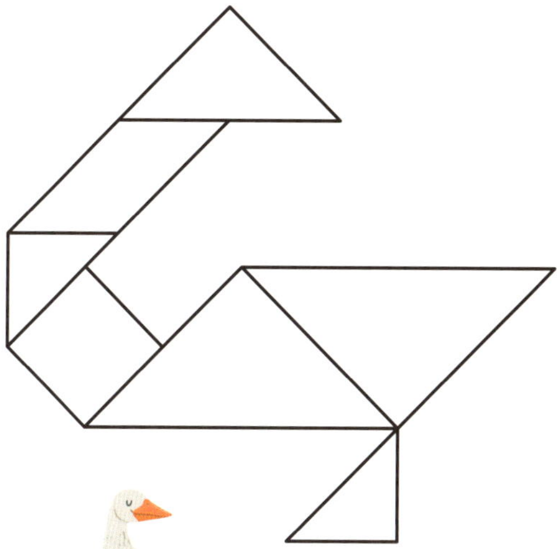

26 CHALLENGE STEP 1

p.27

모양 맞추기

다음 모양을 만들어 보세요.

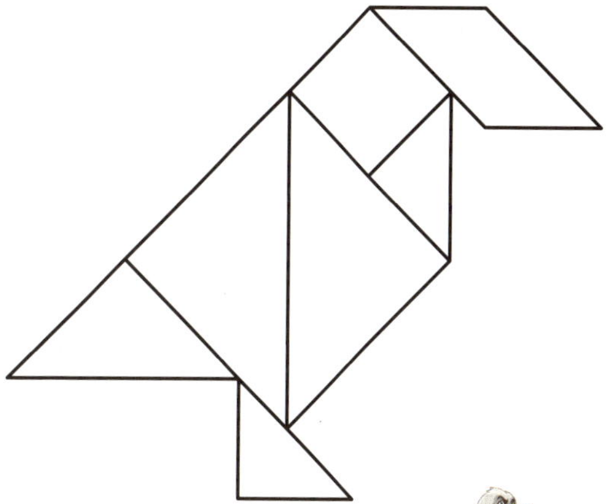

입체칠교 27

p.28

12. 모양 맞추기 5

도형

다음 모양을 만들어 보세요.

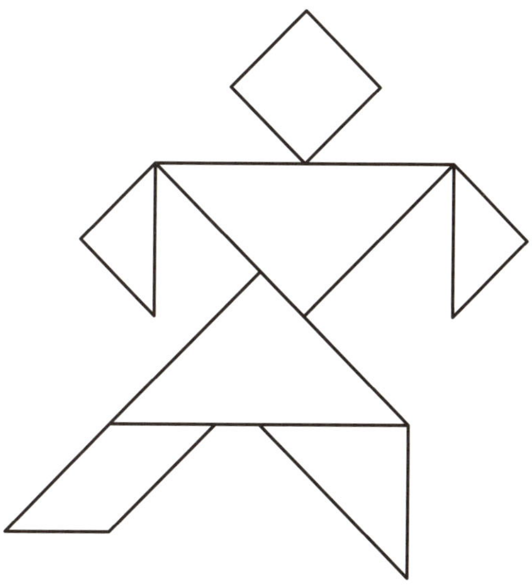

28 CHALLENGE STEP 1

p.29

모양 맞추기

다음 모양을 만들어 보세요.

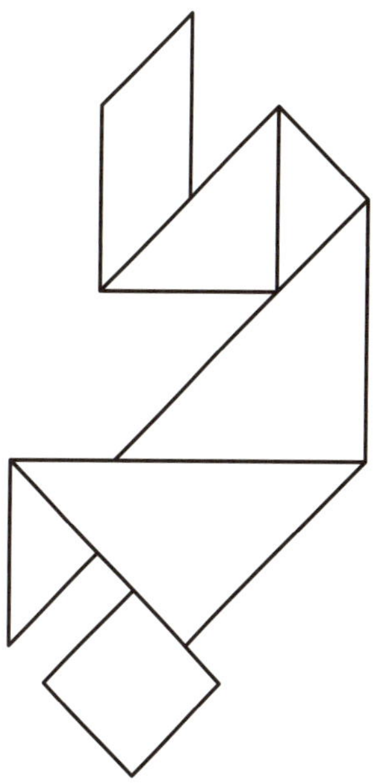

입체칠교 29

정답 제시된 방법 외에 다양한 답이 나올 수 있습니다.

p.30

13. 칠교 조각 옆면 알기

도형

왼쪽 그림 위에 칠교 조각을 올려놓고, 조각의 **옆면에만** 스티커를 붙인 후 각각의 개수를 세어 보세요.

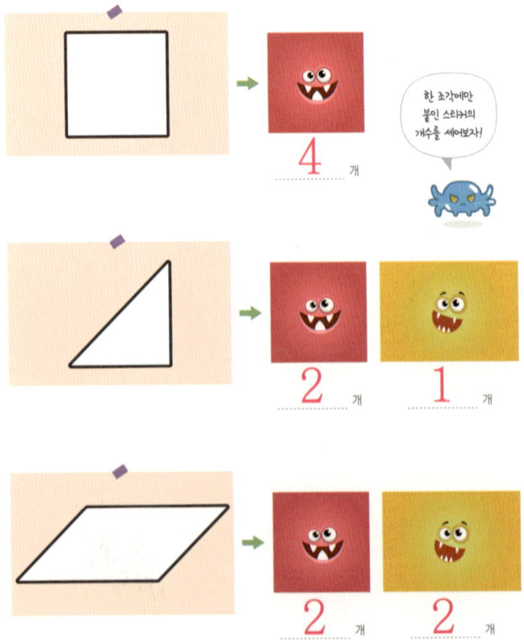

p.31

입체 모양의 옆면

왼쪽 그림 위에 칠교 조각을 올려놓고, 조각의 **옆면에만** 스티커를 붙인 후 각각의 개수를 세어 보세요.

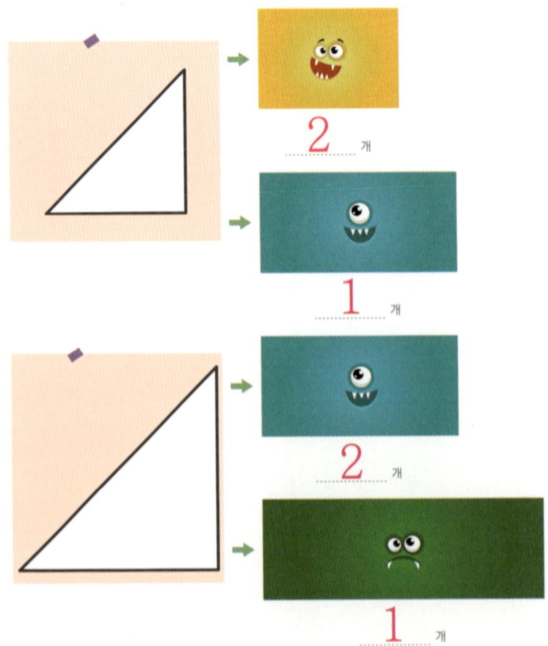

p.32

14. 도장 찍어 면 익히기

측정

작은 삼각형 조각에 물감을 바르고 도장을 찍었을 때, 나올 수 있는 모양의 면을 모두 골라보세요

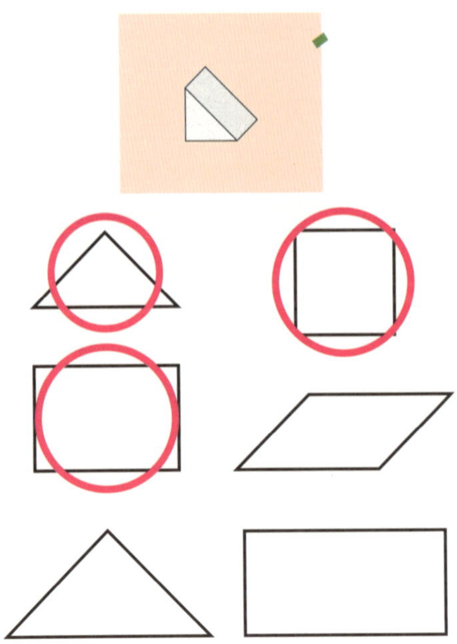

p.33

면의 모양

평행사변형 조각에 물감을 바르고 도장을 찍었을 때, 나올 수 있는 모양의 면을 모두 골라보세요

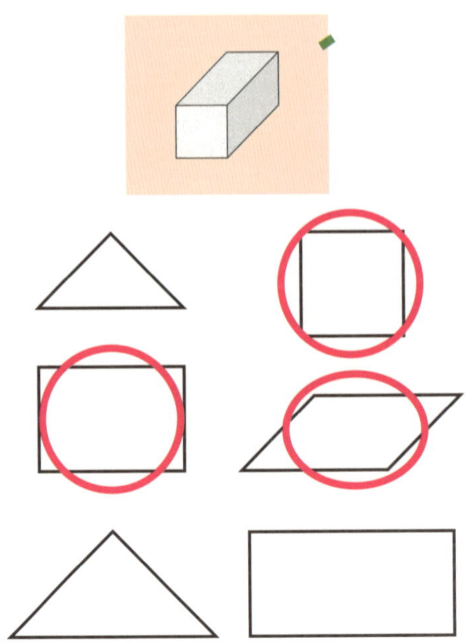

티칭 가이드 다른 조각들도 도장을 찍는다면 어떤 모양이 나올 수 있는지 활동해 보세요.

제시된 방법 외에 다양한 답이 나올 수 있습니다.

p.34

15. 입체 모양 만들기

도형

다음 모양을 만들어 보세요.

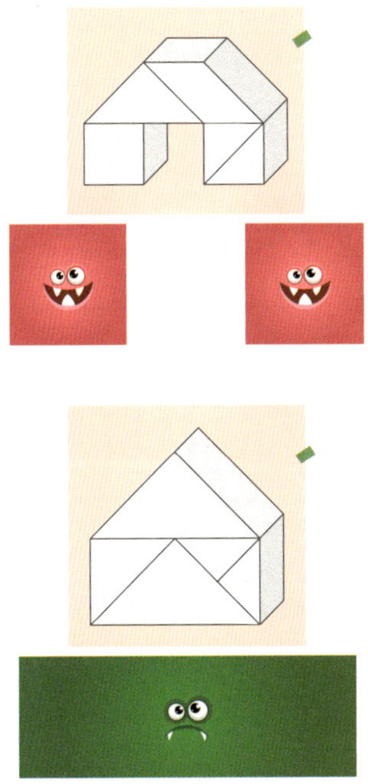

p.35

입체 모양

다음 모양을 만들어 보세요.

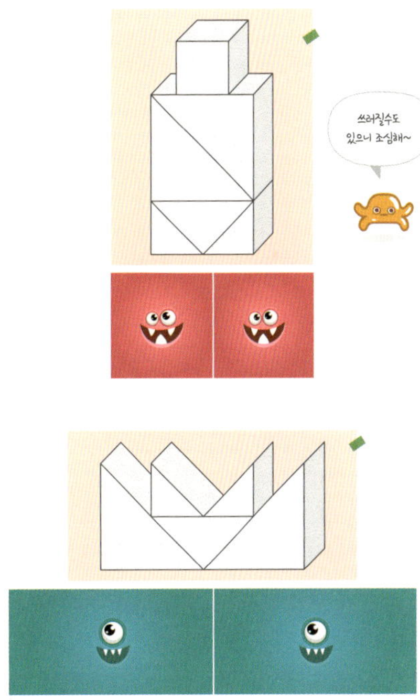

p.36

16. 입체 모양 쌓기 1

도형

다음 모양들을 합쳐서 입체 모양을 만들어 보세요.

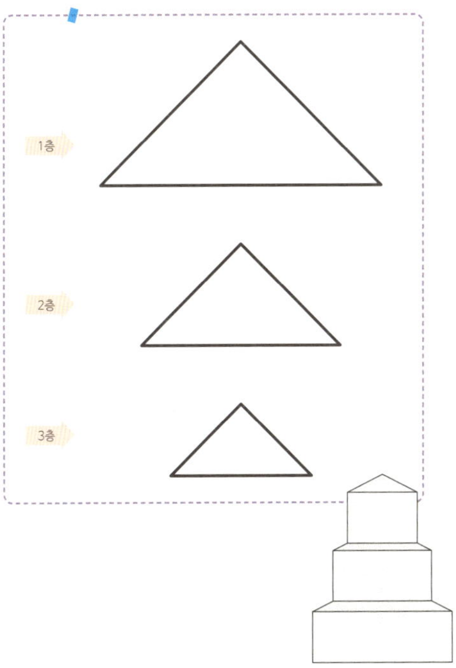

p.37

입체 모양

다음 모양들을 합쳐서 입체 모양을 만들어 보세요.

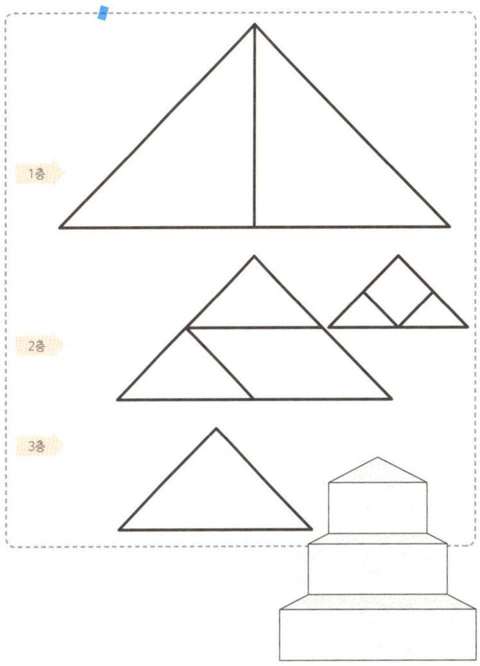

정답 제시된 방법 외에 다양한 답이 나올 수 있습니다.

p.38

17. 입체 모양 쌓기 2

도형

다음 모양을 만들고 입체 모양을 만들어 보세요.

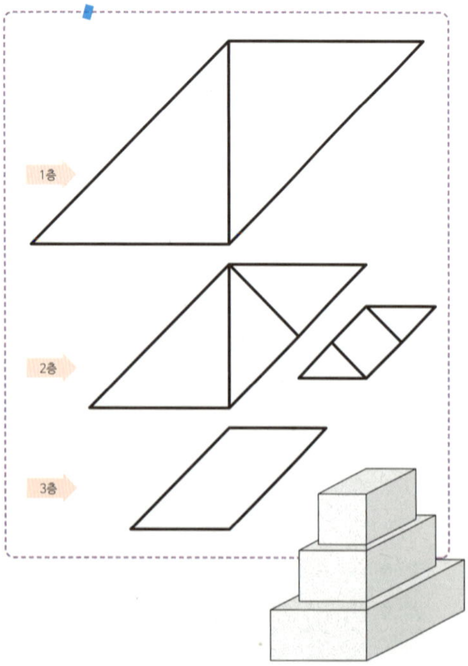

p.39

입체 모양

다음 모양을 만들고 입체 모양을 만들어 보세요.

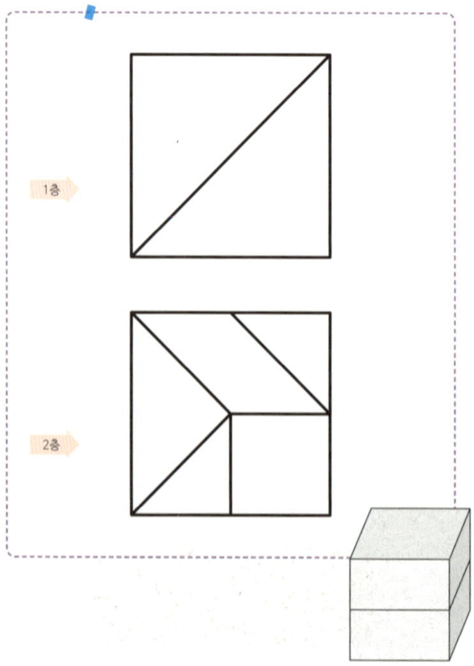

p.40

18. 모양 세우기 1

도형

다음 평면 모양을 맞추고, 이를 세워서 입체 모양으로 만들어 보세요.

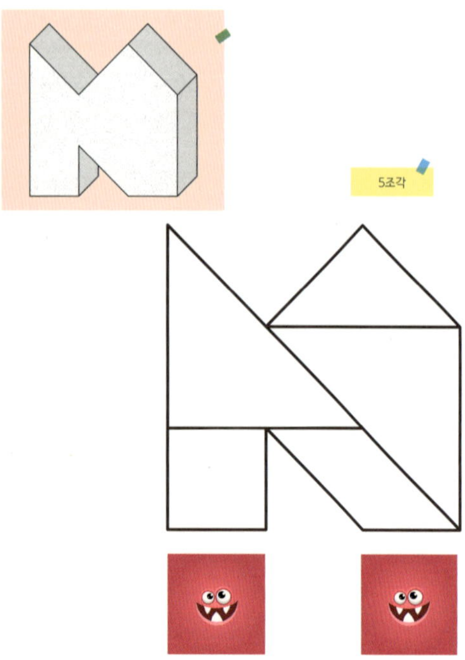

p.41

입체 모양 만들기

다음 평면 모양을 맞추고, 이를 세워서 입체 모양으로 만들어 보세요.

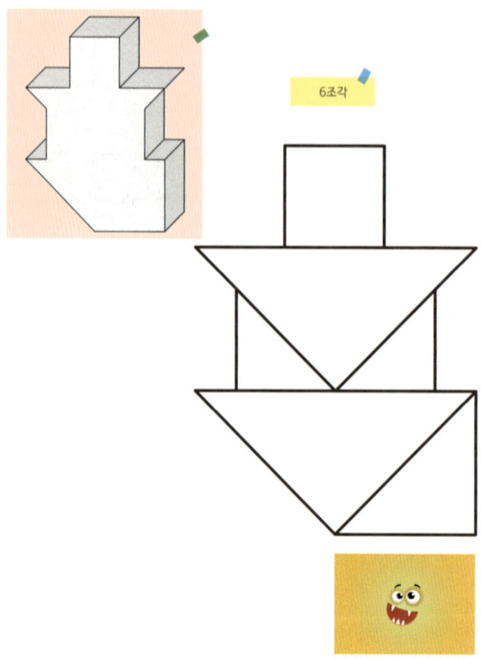

제시된 방법 외에 다양한 답이 나올 수 있습니다.

p.42

19. 모양 세우기 2 　도형

다음 평면 모양을 맞추고, 이를 세워서 입체 모양으로 만들어 보세요.

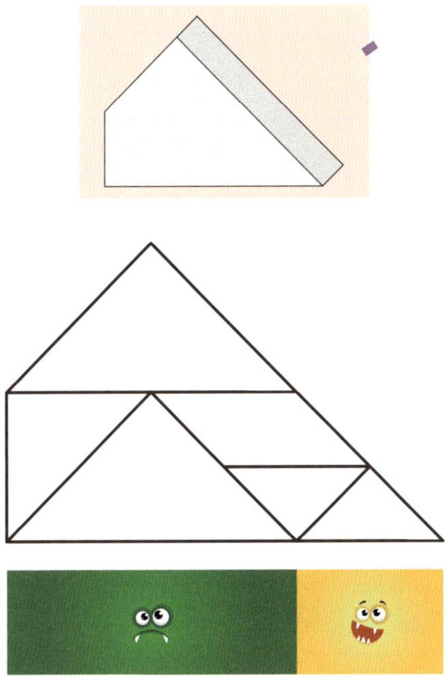

42 CHALLENGE STEP 1

p.43

입체 모양 만들기

다음 평면 모양을 맞추고, 이를 세워서 입체 모양으로 만들어 보세요.

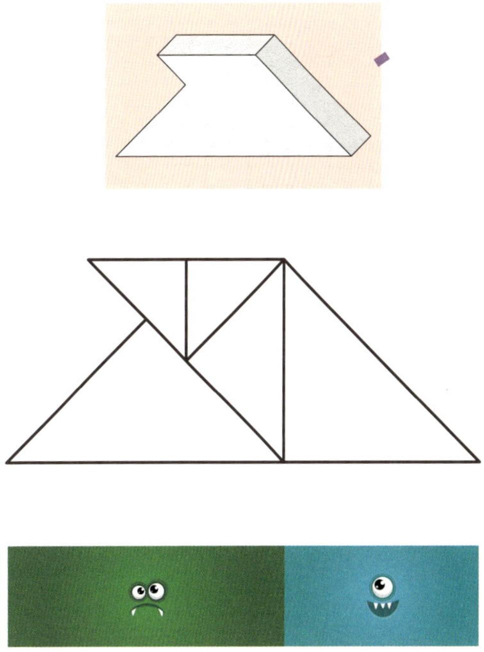

입체칠교 43

p.44

20. 모양 세우기 3 　도형

다음 평면 모양을 맞추고, 이를 세워서 입체 모양으로 만들어 보세요.

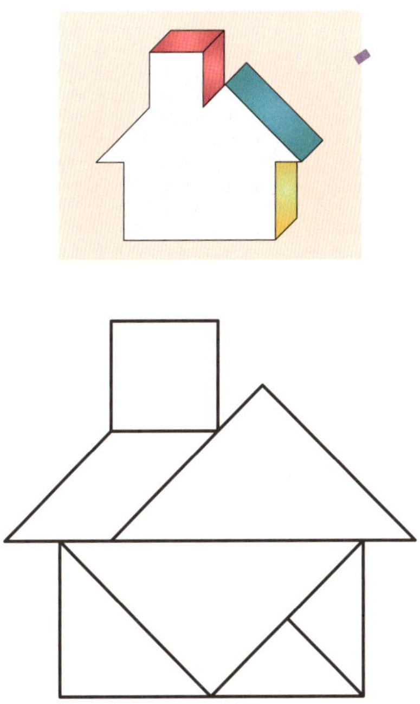

44 CHALLENGE STEP 1

p.45

입체 모양 만들기

다음 평면 모양을 맞추고, 이를 세워서 입체 모양으로 만들어 보세요.

입체칠교 45

MEMO

이름 스티커

작은 삼각형	작은 삼각형	작은 삼각형	작은 삼각형
중간 삼각형		중간 삼각형	
큰 삼각형	큰 삼각형	큰 삼각형	큰 삼각형
정사각형		정사각형	
평행사변형		평행사변형	

입체 칠교 옆면 스티커

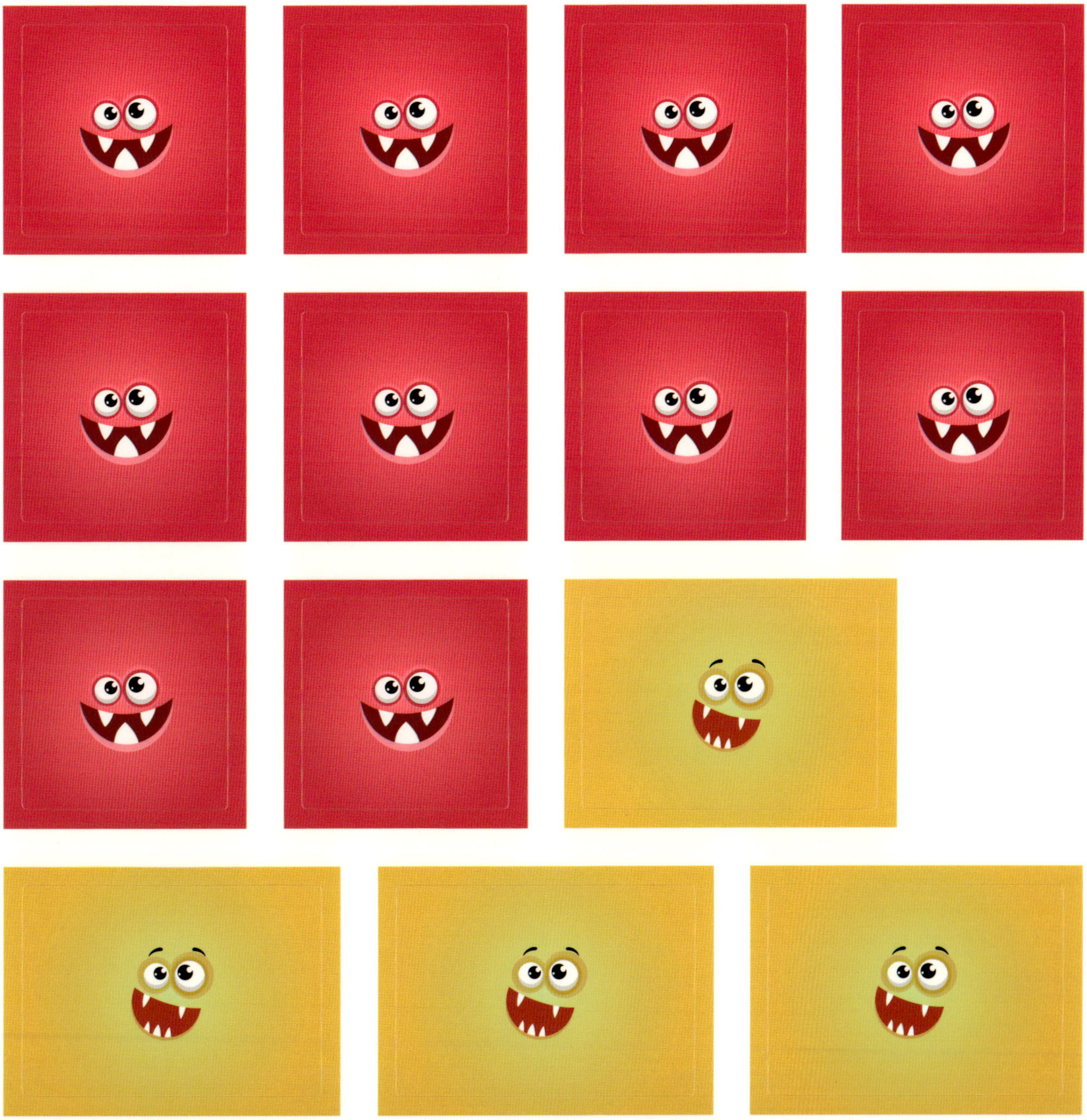